Food

餐饮企业经营管理工具箱

餐饮企业员工培训管理指南

杨雅蓉　编著

图解版

U0359747

化学工业出版社

·北京·

《餐饮企业员工培训管理指南》(图解版)一书详述了餐厅员工岗位职责、餐饮服务基础知识、餐饮服务日常礼仪、后勤服务流程与标准、餐饮服务英语等多方面内容。本书板块设置精巧、图文并茂，以简洁精练的文字对餐饮企业各项工作的要点进行了非常生动、全面的讲解，方便读者理解、掌握。同时，本系列图书非常注重实际操作，使读者能够边学边用，迅速提高自身管理水平。

本书可供餐饮服务行业的经营者、管理人员、服务人员、财务人员参照使用，也可供餐饮业咨询师、职业院校相关专业的教师和专家学者做实务类参考指南。

图书在版编目（CIP）数据

餐饮企业员工培训管理指南：图解版/杨雅蓉编著.
—北京：化学工业出版社，2018.10
（餐饮企业经营管理工具箱）
ISBN 978-7-122-32736-9

Ⅰ.①餐… Ⅱ.①杨… Ⅲ.①饮食业-职工培训-
指南 Ⅳ.①F719.3-62

中国版本图书馆CIP数据核字（2018）第168507号

责任编辑：刘 丹 陈 蕾　　　　　　　　　　　装帧设计：尹琳琳
责任校对：边 涛

出版发行：化学工业出版社（北京市东城区青年湖南街13号　邮政编码100011）
印　　装：三河市延风印装有限公司
787mm×1092mm　1/16　印张10½　字数237千字　2018年11月北京第1版第1次印刷

购书咨询：010-64518888　　　　　　　　　　　售后服务：010-64518899
网　　址：http://www.cip.com.cn
凡购买本书，如有缺损质量问题，本社销售中心负责调换。

定　　价：49.80元

▶ 前　言

"民以食为天"。长期以来，餐饮业作为第三产业中的主要行业之一，对刺激消费需求，推动经济增长发挥了重要作用，在扩大内需、安置就业、繁荣市场以及提高人民生活水平等方面，都做出了积极贡献。

但是，近几年来，我们可以看到，由于受国内外经济增长放缓、食品安全等不确定因素增多的影响，餐饮业营业收入增幅也相应降低，与前几年的高速增长相比，已出现明显放缓迹象。

目前的餐饮行业在发展的同时，面临着食品原材料成本上升、劳动力成本提升、管理人才匮乏、成本控制难等多方面问题，行业竞争愈演愈烈。而且，餐饮业务构成复杂：既包括对外销售，也包括内部管理；既要考虑根据餐饮企业的内部条件和外部的市场变化，选择正确的经营目标、方针和策略，又要合理组织内部的人、财、物，提高质量，降低消耗。另外，从人员构成和工作性质来看：餐饮业有技术工种，又有服务工种；既有操作技术，又有烹调、服务艺术，是技术和艺术的结合。这必然给餐饮管理增加一定的难度。

餐饮企业要突破目前的困局，做大做强，必须调整好整个企业内部的人力、物力、财力，加强内部的管理，尽可能地降低成本，同时，要掌握好市场的动向，做好市场营销推广，为客户提供更优质的服务来吸引广大消费者，从而促使企业健康地成长下去。

基于此，我们组织了餐饮行业的一线管理人员、相关的咨询培训顾问和职业院校酒店餐饮专业的老师，共同编写了餐饮系列丛书第三辑四本。具体为：

◇《餐厅员工服务流程规范指南》（图解版）

◇《餐饮企业员工培训管理指南》（图解版）

◇《餐饮经理同步指引与365天管理笔记》（图解版）

◇《餐饮企业全程运作法务手册》（图解版）

餐饮系列丛书板块设置精巧、图文并茂，以简洁精练的文字对餐饮企业各项工作的要点进行了非常生动、全面的讲解，方便读者理解、掌握。同时，本系列图书非常注重实际操作，使读者能够边学边用，迅速提高自身管理水平。

《餐饮企业员工培训管理指南》（图解版）首先介绍餐厅员工的岗位职责，使之明了其职责所需要的知识，再一一介绍餐饮服务基础知识、餐饮服务日常礼仪、厅面服务知识、厨部服务知识、后勤服务知识，最后提供餐饮服务常见英语，以期提升餐厅员工的整体素质。

本书由杨雅蓉编著，谷祥圣、陈波、王益峰、王丹、王红、王振彪、杨文梅、齐小娟、陈超、李相田、马晓娟、刘艳玲、冯永华、李景安、吴日荣、吴少佳、陈海川、马会玲、卢硕果、任克勇、曾红、梁文敏参与了本书的资料收集工作，滕宝红对全书相关内容进行了认真细致的审核。

由于时间所限，书中不足之处恳请专家读者指正。

编著者

▶▶ 目 录

第一章　餐厅员工岗位职责

第二章　餐饮服务基础知识

第三章 餐饮服务日常礼仪

第四章 餐厅服务流程与要求

第五章 厨房部服务流程与标准

第六章　后勤服务流程与标准

第七章　餐饮服务英语

第一章
餐厅员工岗位职责

第一节 管理层员工岗位职责

岗位一：楼面经理

1.岗位职责

楼面经理的岗位职责，如表1-1所示。

表1-1 楼面经理岗位职责

岗位名称	楼面经理
具体职责	（1）检查部门员工的出勤状况、楼面环境，餐具、用具清洁情况和楼面设备运转状况 （2）检查员工的服务水平是否达到相关标准，加强对新员工的"传、帮、带" （3）营业中负责现场巡台与控场，及时发现和解决服务过程中出现的问题 （4）妥善处理客人异议及投诉，负责重要客人、宴席的接待与安排工作 （5）审核、指导岗前培训计划及内容，定期做好在岗理论和实操技能的培训工作，组织员工学习服务技巧 （6）针对新菜品、推荐菜品、特价菜品进行重点培训，检查推销工作 （7）熟知员工档案，并进行分类整理，及时与员工沟通 （8）掌握和控制物品（餐具、易耗品）的使用情况，减少费用开支与物品损耗

2.工作流程

餐厅楼面经理的每日工作流程，可分为营业前、营业中、营业后三个阶段，如图1-1所示。

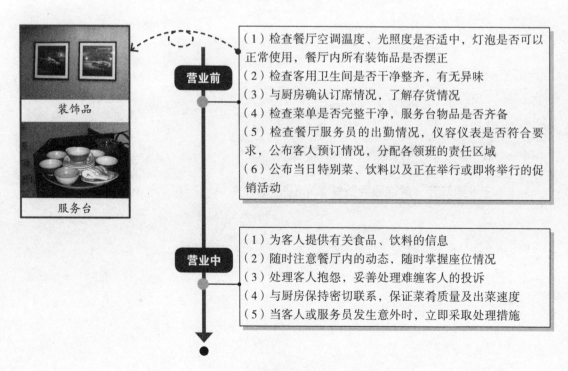

装饰品

服务台

营业前
（1）检查餐厅空调温度、光照度是否适中，灯泡是否可以正常使用，餐厅内所有装饰品是否摆正
（2）检查客用卫生间是否干净整齐，有无异味
（3）与厨房确认订席情况，了解存货情况
（4）检查菜单是否完整干净，服务台物品是否齐备
（5）检查餐厅服务员的出勤情况，仪容仪表是否符合要求，公布客人预订情况，分配各领班的责任区域
（6）公布当日特别菜、饮料以及正在举行或即将举行的促销活动

营业中
（1）为客人提供有关食品、饮料的信息
（2）随时注意餐厅内的动态，随时掌握座位情况
（3）处理客人抱怨，妥善处理难缠客人的投诉
（4）与厨房保持密切联系，保证菜肴质量及出菜速度
（5）当客人或服务员发生意外时，立即采取处理措施

（1）检查餐厅内的电器是否已关掉或放在安全妥当的位置
（2）检查所有电灯是否关掉，橱柜、房门是否锁好
（3）填写营业日志（包括营业额、客人抱怨等特殊情况）
（4）查看第二天的预订情况，了解是否有需要特别注意的事项

电器

橱柜

图1-1　楼面经理每日工作流程

岗位二：楼面主管

1.岗位职责

楼面主管的岗位职责，如表1-2所示。

表1-2　楼面主管岗位职责

岗位名称	楼面主管
岗位职责	（1）编制每日早、中、晚班人员的名单，做好各领班考勤记录 （2）每日营业前检查服务员仪容、仪表 （3）了解用餐人数及其要求，合理安排服务员的工作 （4）随时注意餐厅就餐人员动态和服务情况，并进行现场指挥 （5）加强与客人沟通，了解客人对饭菜的意见，妥善处理客人的投诉，并及时向楼面经理反映 （6）定期检查设备设施，清点餐具，遇到问题及时向楼面经理汇报 （7）注意服务员的表现，随时纠正其失误、偏差，并做好工作记录 （8）组织领班、服务员参加各种培训、竞赛活动

2.工作流程

餐厅楼面主管的每日工作流程，可分为营业前、营业中、营业后三个阶段，如图1-2所示。

（1）检查员工仪容仪表是否符合要求
（2）检查招牌灯及灯箱、电梯、空调是否按规定开启
（3）检查门口POP招贴画的摆放、张贴是否符合规定
（4）检查书刊、报纸的更新频率及摆放位置是否合适，餐厅桌椅是否摆放整齐
（5）检查餐台号牌摆放是否正确、齐全，备餐柜里的餐具是否擦拭干净
（6）检查台面的相关物品是否摆放整齐，刀叉等是否按标准摆放
（7）检查地面、沙发、椅套是否干净
（8）检查餐厅内的绿色植物是否保养妥当
（9）检查员工是否了解当日急推和沽清菜品

橱柜

台面

图1-2

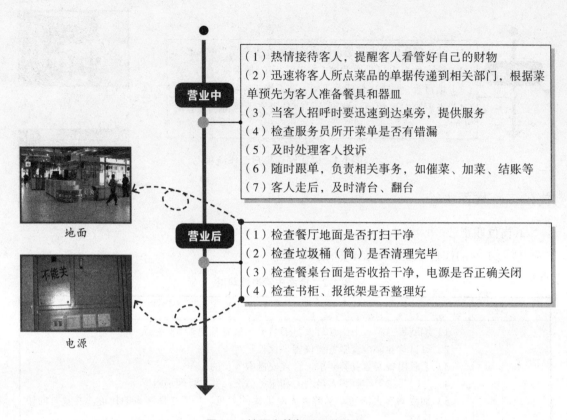

营业中
（1）热情接待客人，提醒客人看管好自己的财物
（2）迅速将客人所点菜品的单据传递到相关部门，根据菜单预先为客人准备餐具和器皿
（3）当客人招呼时要迅速到达桌旁，提供服务
（4）检查服务员所开菜单是否有错漏
（5）及时处理客人投诉
（6）随时跟单，负责相关事务，如催菜、加菜、结账等
（7）客人走后，及时清台、翻台

地面

营业后
（1）检查餐厅地面是否打扫干净
（2）检查垃圾桶（筒）是否清理完毕
（3）检查餐桌台面是否收拾干净，电源是否正确关闭
（4）检查书柜、报纸架是否整理好

不能关

电源

图1-2　楼面主管每日工作流程

岗位三：传菜领班

1.岗位职责

传菜领班的岗位职责，如表1-3所示。

表1-3　传菜领班岗位职责

岗位名称	传菜领班
	（1）上岗前自检仪容仪表，准时参加班前会，检查所属传菜员的仪容仪表和出勤状况，分配当日工作事项
岗位职责	（2）查看工作日志，确认是否有未完成的工作或上级的通知，并逐项落实 （3）接到菜单后要及时归口分单，配上相应木夹，发现菜单上有特殊要求要及时与厨房沟通，并向传菜员交代清楚 （4）调节出菜速度，及时将沽清菜品通知点菜人员，如果顾客临时取消菜品应及时通知厨房停止制作，对单上菜，与楼面做好沟通 （5）检查菜肴是否符合质量要求，如有问题及时问问厨师长，并立即做出处理 （6）保持与楼面的联系，了解出菜速度是否符合客人要求 （7）负责管理和合理使用各种所辖物品，并对其进行清洗保洁 （8）准时参加早会，反馈菜肴出品情况

2.工作流程

传菜领班的每日工作流程，可分为营业前、营业中、营业后三个阶段，如图1-3所示。

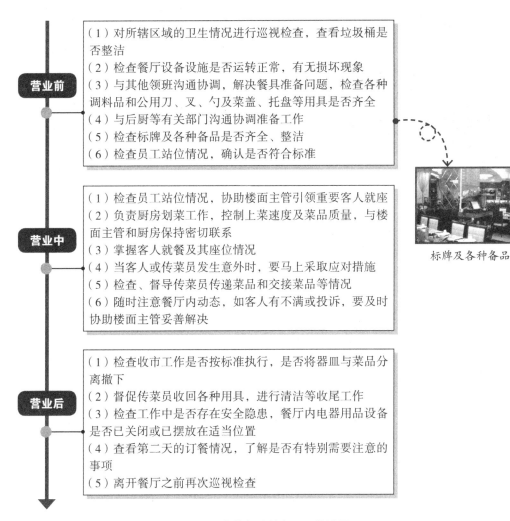

营业前	（1）对所辖区域的卫生情况进行巡视检查，查看垃圾桶是否整洁 （2）检查餐厅设备设施是否运转正常，有无损坏现象 （3）与其他领班沟通协调，解决餐具准备问题，检查各种调料品和公用刀、叉、勺及菜盖、托盘等用具是否齐全 （4）与后厨等有关部门沟通协调准备工作 （5）检查标牌及各种备品是否齐全、整洁 （6）检查员工站位情况，确认是否符合标准
营业中	（1）检查员工站位情况，协助楼面主管引领重要客人就座 （2）负责厨房划菜工作，控制上菜速度及菜品质量，与楼面主管和厨房保持密切联系 （3）掌握客人就餐及其座位情况 （4）当客人或传菜员发生意外时，要马上采取应对措施 （5）检查、督导传菜员传递菜品和交接菜品等情况 （6）随时注意餐厅内动态，如客人有不满或投诉，要及时协助楼面主管妥善解决
营业后	（1）检查收市工作是否按标准执行，是否将器皿与菜品分离撤下 （2）督促传菜员收回各种用具，进行清洁等收尾工作 （3）检查工作中是否存在安全隐患，餐厅内电器用品设备是否已关闭或已摆放在适当位置 （4）查看第二天的订餐情况，了解是否有特别需要注意的事项 （5）离开餐厅之前再次巡视检查

标牌及各种备品

图1-3　传菜领班的每日工作流程

岗位四：点菜领班

1.岗位职责

点菜领班的岗位职责，如表1-4所示。

表1-4　点菜领班岗位职责

岗位名称	点菜领班
岗位职责	（1）检查开餐前的准备工作，确保备料、备具充分 （2）检查员工个人卫生情况，确保点菜组的卫生达到质量标准 （3）检查零点菜单、宴会菜单，坚决将质量不符合要求的菜肴退回重做 （4）负责本组员工调配，配合其他组的工作，保证配菜、出菜工作能够准、快且有序运转 （5）检查每一道菜的出品质量，保证色、香、味、形、器、质均符合要求 （6）检查每天岗中卫生情况，做好收尾工作，并将重大事情上报厨师长 （7）根据一天的工作任务情况，开出合理领料单，交厨师长审核 （8）完成上级安排的其他工作

2.工作流程

点菜领班的每日工作流程，可分为营业前、营业中、营业后三个阶段，如图1-4所示。

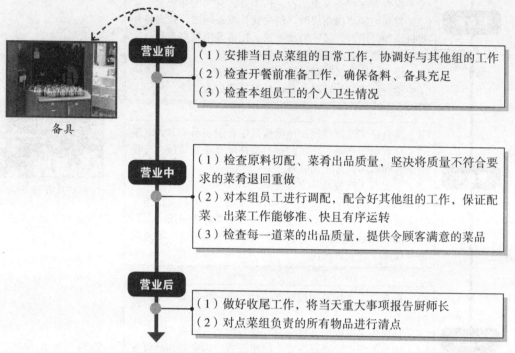

备具

营业前
（1）安排当日点菜组的日常工作，协调好与其他组的工作
（2）检查开餐前准备工作，确保备料、备具充足
（3）检查本组员工的个人卫生情况

营业中
（1）检查原料切配、菜肴出品质量，坚决将质量不符合要求的菜肴退回重做
（2）对本组员工进行调配，配合好其他组的工作，保证配菜、出菜工作能够准、快且有序运转
（3）检查每一道菜的出品质量，提供令顾客满意的菜品

营业后
（1）做好收尾工作，将当天重大事项报告厨师长
（2）对点菜组负责的所有物品进行清点

图1-4 点菜领班每日工作流程

岗位五：收银领班

1.岗位职责

收银领班的岗位职责，如表1-5所示。

表1-5 收银领班岗位职责

岗位名称	收银领班
岗位职责	（1）检查收银员是否准时到岗，是否做好每日收款准备工作 （2）建立收银员个人档案，并将其工作表现记录下来，每月进行评估，奖勤罚懒 （3）不定期检查收银员的备用金，并将抽查结果记录下来，月底汇总时作为评估的参考 （4）合理安排员工上下班时间和班次，以便在缺人的情况下灵活协调 （5）对收银员开展培训工作，针对在平时工作中出现的问题及其处理方法和餐厅收银工作程序等进行详细讲评，并定期检查和考核 （6）与餐厅保持密切联系，针对存在的问题进行整改 （7）每日检查稽核交班记录并签署意见，督促处理未完事项，遇有问题及时向领导汇报 （8）不断完善现行的收银、稽核制度

2.工作流程

收银领班的每日工作流程，可分为营业前、营业中、营业后三个阶段，如图1-5所示。

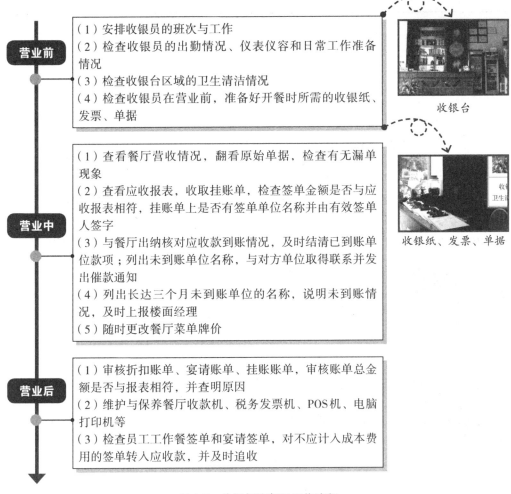

营业前
（1）安排收银员的班次与工作
（2）检查收银员的出勤情况、仪表仪容和日常工作准备情况
（3）检查收银台区域的卫生清洁情况
（4）检查收银员在营业前，准备好开餐时所需的收银纸、发票、单据

收银台

营业中
（1）查看餐厅营收情况，翻看原始单据，检查有无漏单现象
（2）查看应收报表，收取挂账单，检查签单金额是否与应收报表相符，挂账单上是否有签单单位名称并由有效签单人签字
（3）与餐厅出纳核对应收到账情况，及时结清已到账单位款项；列出未到账单位名称，与对方单位取得联系并发出催款通知
（4）列出长达三个月未到账单位的名称，说明未到账情况，及时上报楼面经理
（5）随时更改餐厅菜单牌价

收银纸、发票、单据

营业后
（1）审核折扣账单、宴请账单、挂账账单，审核账单总金额是否与报表相符，并查明原因
（2）维护与保养餐厅收款机、税务发票机、POS机、电脑打印机等
（3）检查员工工作餐签单和宴请签单，对不应计入成本费用的签单转入应收款，并及时追收

图1-5 收银领班每日工作流程

第二节 餐饮服务员基本岗位职责

岗位一：迎宾员

1.岗位职责

迎宾员的岗位职责，如表1-6所示。

表1-6 迎宾员岗位职责

岗位名称	迎宾员
岗位职责	（1）使用服务敬语，笑脸迎客，主动询问客人位数，客人离开餐饮店时应微笑送别 （2）将客人带到餐桌旁，征求客人对餐位的意见，当餐饮店满座时，应耐心向客人解释，并为客人办好登记候位手续

岗位名称	迎宾员
岗位职责	（3）为上下车客人开关车门，下雨天要为上下车客人撑伞，并分发伞套给客人 （4）为客人指路，认真回答客人的询问，尽量满足客人合理的要求 （5）尽可能记住常客姓名、习惯、喜好，使客人有宾至如归的感觉 （6）配合保安员确保餐饮店门前交通畅通，做好门前安全保卫工作 （7）妥善保管客人遗留物品，拾到贵重物品应立即上交给领班 （8）始终保持旺盛的服务热情，为餐饮店树立良好的形象

2.工作流程

迎宾员每日的工作流程，可分为营业前、营业中、营业后三个阶段，如图1-6所示。

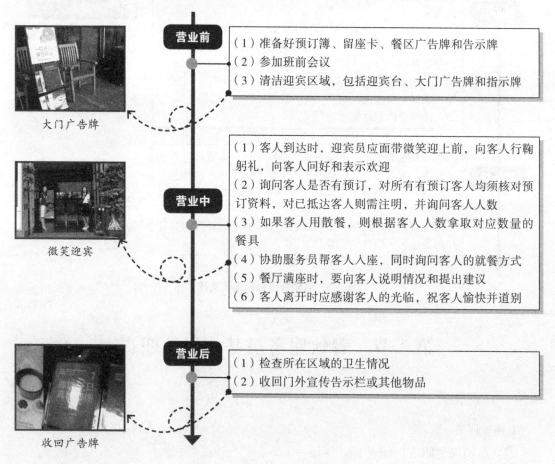

营业前
（1）准备好预订簿、留座卡、餐区广告牌和告示牌
（2）参加班前会议
（3）清洁迎宾区域，包括迎宾台、大门广告牌和指示牌

大门广告牌

营业中
（1）客人到达时，迎宾员应面带微笑迎上前，向客人行鞠躬礼，向客人问好和表示欢迎
（2）询问客人是否有预订，对所有有预订客人均须核对预订资料，对已抵达客人则需注明，并询问客人人数
（3）如果客人用散餐，则根据客人人数拿取对应数量的餐具
（4）协助服务员帮客人入座，同时询问客人的就餐方式
（5）餐厅满座时，要向客人说明情况和提出建议
（6）客人离开时应感谢客人的光临，祝客人愉快并道别

微笑迎宾

营业后
（1）检查所在区域的卫生情况
（2）收回门外宣传告示栏或其他物品

收回广告牌

图1-6　迎宾员每日的工作流程

岗位二：点菜员

1.岗位职责

点菜员的岗位职责，具体如表1-7所示。

表1-7 点菜员岗位职责

岗位名称	点菜员
岗位职责	（1）搞好所负责的区域卫生，并注意随时保持干净 （2）了解当餐提供菜肴的品种、价格、新增菜品，有无重点推销或沽清菜品 （3）了解客人喜好，掌握客人心理，善于和客人沟通 （4）与厨房及时沟通，了解菜品供应数量，海鲜产品的新鲜程度，主动向客人介绍 （5）点菜时，注意荤素海鲜搭配，根据客人的人数推荐菜品数量、规格，介绍新推出的菜品和特色菜；根据客人的消费档次介绍相应的菜品，并介绍各种菜的烹调方法以及口味 （6）掌握各种菜式的制作过程，熟悉菜肴的口味、特色原料配料及营养价值 （7）负责管理好所有的菜单和点菜工具 （8）点菜高峰期后，应及时补位，协助其他岗位做好接待工作

2.工作流程

点菜员的每日工作流程，可分为营业前、营业中、营业后三个阶段，如图1-7所示。

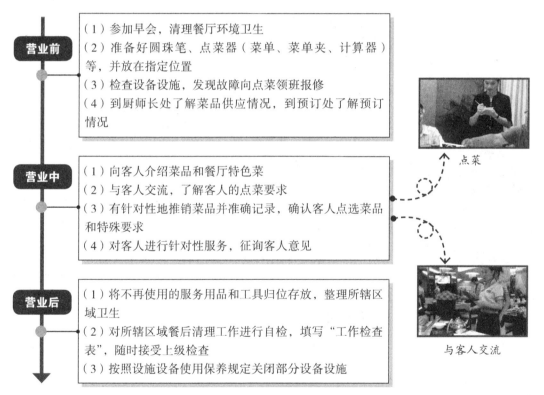

营业前
（1）参加早会，清理餐厅环境卫生
（2）准备好圆珠笔、点菜器（菜单、菜单夹、计算器）等，并放在指定位置
（3）检查设备设施，发现故障向点菜领班报修
（4）到厨师长处了解菜品供应情况，到预订处了解预订情况

点菜

营业中
（1）向客人介绍菜品和餐厅特色菜
（2）与客人交流，了解客人的点菜要求
（3）有针对性地推销菜品并准确记录，确认客人点选菜品和特殊要求
（4）对客人进行针对性服务，征询客人意见

营业后
（1）将不再使用的服务用品和工具归位存放，整理所辖区域卫生
（2）对所辖区域餐后清理工作进行自检，填写"工作检查表"，随时接受上级检查
（3）按照设施设备使用保养规定关闭部分设备设施

与客人交流

图1-7 点菜员每日工作流程

岗位三：传菜员

1.岗位职责

传菜员的岗位职责，如表1-8所示。

表1-8　传菜员岗位职责

岗位名称	传菜员
岗位职责	（1）自检仪容仪表，确保符合规范，参加班前会，听取备餐工作及工作要点 （2）服从上级领导的工作安排，做好物料保存、保洁工作，避免无谓损耗，力求降低成本 （3）负责开餐前的传菜准备工作，协助服务员布置场地和餐桌、摆台及补充各种物品 （4）负责从厨房将菜品准确及时地传送到餐桌 （5）熟练掌握菜品质量标准，严格把好质量关，有权拒绝传送不符合质量标准的菜品 （6）与楼层员工和厨房员工保持良好的关系 （7）值班传菜员负责整理清洁各楼层洗涤间的卫生 （8）负责传菜用具及相关物品、金银器的清洁与整理工作，按照规定要求摆放 （9）积极参加各种培训，提高服务水平，完成上级交办的其他工作

2.工作流程

传菜员的每日工作流程，可分为营业前、营业中、营业后三个阶段，如图1-8所示。

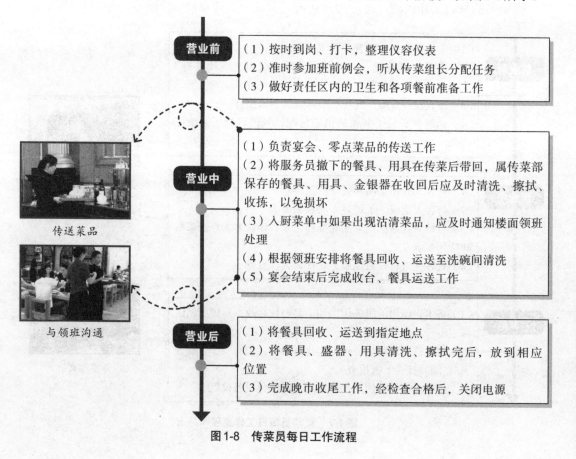

传送菜品

与领班沟通

营业前
（1）按时到岗、打卡，整理仪容仪表
（2）准时参加班前例会，听从传菜组长分配任务
（3）做好责任区内的卫生和各项餐前准备工作

营业中
（1）负责宴会、零点菜品的传送工作
（2）将服务员撤下的餐具、用具在传菜后带回，属传菜部保存的餐具、用具、金银器在收回后应及时清洗、擦拭、收拣，以免损坏
（3）入厨菜单中如果出现沽清菜品，应及时通知楼面领班处理
（4）根据领班安排将餐具回收、运送至洗碗间清洗
（5）宴会结束后完成收台、餐具运送工作

营业后
（1）将餐具回收、运送到指定地点
（2）将餐具、盛器、用具清洗、擦拭完后，放到相应位置
（3）完成晚市收尾工作，经检查合格后，关闭电源

图1-8　传菜员每日工作流程

岗位四：服务员

1.岗位职责

服务员的岗位职责，如表1-9所示。

表1-9　服务员岗位职责

岗位名称	服务员
岗位职责	（1）保持个人清洁卫生，注意个人形象 （2）听从餐厅管理人员的安排 （3）按实际营业需要，做好餐前准备工作，摆好台面其他用具 （4）做好餐具保洁工作和餐厅卫生清理工作，保持餐厅环境及各项用具整洁，使其符合相关卫生标准 （5）了解餐厅食物及饮品，按照规定为顾客服务 （6）满足顾客的合理需求，热情主动地为顾客点菜，准确无误地把顾客所需食物、饮料送到顾客餐桌上 （7）顾客离开后，应尽快清理顾客用过的餐具，并重新摆好台面 （8）遇到客人有意见或投诉时，如不能解决，要立即报告给餐厅管理人员

2.工作流程

服务员的每日工作流程，可分为营业前、营业中、营业后三个阶段，如图1-9所示。

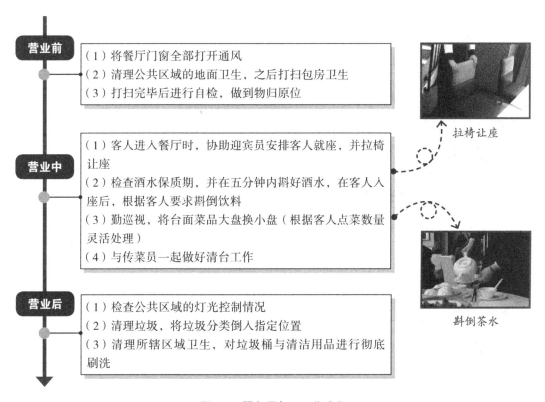

营业前
（1）将餐厅门窗全部打开通风
（2）清理公共区域的地面卫生，之后打扫包房卫生
（3）打扫完毕后进行自检，做到物归原位

拉椅让座

营业中
（1）客人进入餐厅时，协助迎宾员安排客人就座，并拉椅让座
（2）检查酒水保质期，并在五分钟内斟好酒水，在客人入座后，根据客人要求斟倒饮料
（3）勤巡视，将台面菜品大盘换小盘（根据客人点菜数量灵活处理）
（4）与传菜员一起做好清台工作

斟倒茶水

营业后
（1）检查公共区域的灯光控制情况
（2）清理垃圾，将垃圾分类倒入指定位置
（3）清理所辖区域卫生，对垃圾桶与清洁用品进行彻底刷洗

图1-9　服务员每日工作流程

岗位五：酒水员

1.岗位职责

酒水员的岗位职责，如表1-10所示。

表1-10 酒水员岗位职责

岗位名称	酒水员
岗位简介	酒水员是餐饮店负责推销酒水的服务人员
岗位职责	（1）按照酒水工作规程和质量要求，做好酒水的申购、领取、发放及储存等项工作 （2）酒水进出时负责填写和核实票据，核准数量，保证手续完备，保证账物相符 （3）负责定期清点盘查储存酒水，确保数量准确，符合储存要求 （4）接受酒水订单、为客人准备鸡尾酒及其他酒水 （5）掌握各种酒品的特性及服务知识，开发新的鸡尾酒，搞好销售 （6）熟悉所有用具的使用；熟悉各类酒水的名称、价格、产地、饮用方法等；熟悉酒水保管的知识；会调制一般酒水，制作一般果盘 （7）为客人提供良好的酒水服务，妥善保管客人存放在店里的烈性酒 （8）每日收市后做好清理补充工作；做好销售报表；做好空废瓶罐的回收工作，减少浪费

2.工作流程

酒水员的每日工作流程，可分为营业前、营业中、营业后三个阶段，如图1-10所示。

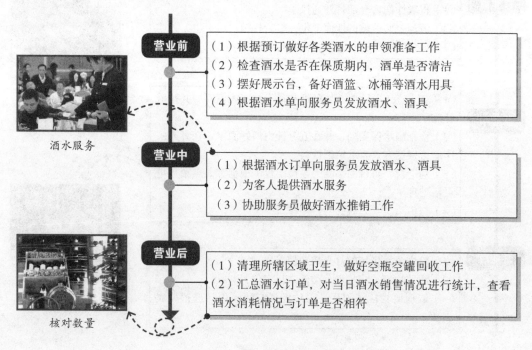

酒水服务

营业前
（1）根据预订做好各类酒水的申领准备工作
（2）检查酒水是否在保质期内，酒单是否清洁
（3）摆好展示台，备好酒篮、冰桶等酒水用具
（4）根据酒水单向服务员发放酒水、酒具

营业中
（1）根据酒水订单向服务员发放酒水、酒具
（2）为客人提供酒水服务
（3）协助服务员做好酒水推销工作

营业后
（1）清理所辖区域卫生，做好空瓶空罐回收工作
（2）汇总酒水订单，对当日酒水销售情况进行统计，查看酒水消耗情况与订单是否相符

核对数量

图1-10 酒水员每日工作流程

岗位六：收银员

1.岗位职责

收银员的岗位职责，如表1-11所示。

表1-11　收银员岗位职责

岗位名称	收银员
岗位职责	（1）熟悉餐牌及酒水价格 （2）认真操作电脑、收银机，做好设备保管工作 （3）准备收银账单、发票，做到快捷服务 （4）每天核对备用金，不得私自挪用 （5）营业结束后，将当天票款账单制作成报表，核对无误后方可下班 （6）不得向外界泄露餐厅的营业情况和相关资料 （7）负责自己工作区域内的清洁卫生

2. 工作流程

收银员的每日工作流程，可将其分为营业前、营业中、营业后三个阶段，如图1-11所示。

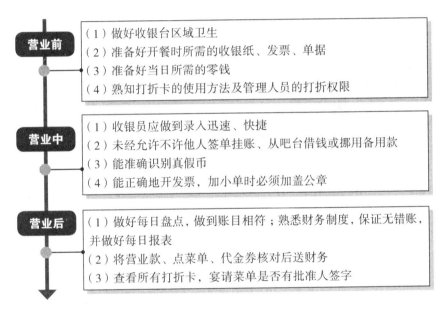

图1-11　收银员每日工作流程

岗位七：保洁员

1. 岗位职责

保洁员的岗位职责，如表1-12所示。

表1-12　保洁员岗位职责

岗位名称	保洁员
岗位职责	（1）负责餐厅的清洁卫生工作，听从指挥 （2）保持餐桌摆放整齐，桌面干净无油渍，地面干净无杂物，水池干净，及时清理垃圾桶 （3）就餐期间及时清扫剩饭、食品包装盒，注意不要影响客人就餐

续表

岗位名称	保洁员
岗位职责	（4）每日做到地面无尘土、无纸屑、无烟头、无塑料袋，更不能有剩饭等杂物 （5）做好清洁卫生工具如墩布、垃圾桶、扫帚的清洁与保管工作 （6）认真完成餐厅内各个死角的油渍污垢的清洗工作，每天用抹布擦洗楼梯扶手，保持干净 （7）爱护餐厅内各种花卉，科学浇水和施肥，使其正常生长

2.工作流程

保洁员的每日工作流程，可分为营业前、营业中、营业后三个阶段，如图1-12所示。

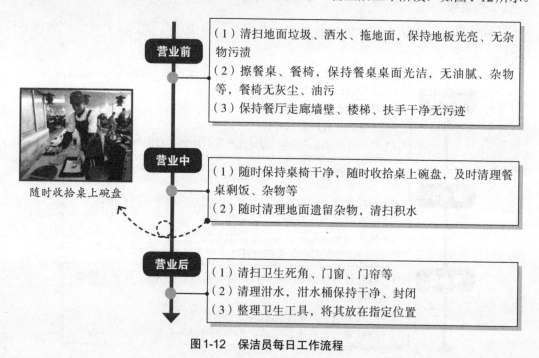

营业前
（1）清扫地面垃圾、洒水、拖地面，保持地板光亮、无杂物污渍
（2）擦餐桌、餐椅，保持餐桌桌面光洁，无油腻、杂物等，餐椅无灰尘、油污
（3）保持餐厅走廊墙壁、楼梯、扶手干净无污迹

随时收拾桌上碗盘

营业中
（1）随时保持桌椅干净，随时收拾桌上碗盘，及时清理餐桌剩饭、杂物等
（2）随时清理地面遗留杂物，清扫积水

营业后
（1）清扫卫生死角、门窗、门帘等
（2）清理泔水，泔水桶保持干净、封闭
（3）整理卫生工具，将其放在指定位置

图1-12　保洁员每日工作流程

第二章
餐饮服务基础知识

第一节　餐饮服务基本特征

作为餐饮服务员，要想给顾客提供最佳的优质服务，对于餐饮服务的基本特征，就一定需要熟练掌握。

特征一：无形性

服务看不见摸不着，是无形的，无法进行量化和描述，但可以通过顾客用餐后的感觉切身体会到服务质量的优劣。服务员必须接受专业化的服务训练，为各种不同的顾客提供优质的服务，尽可能满足他们不同的消费需求。

特征二：不可储存性

餐饮服务具有不可储存性，每次用餐结束，顾客离开了餐饮店，服务也随之结束，不能储存下次使用，只有顾客亲临用餐才能享受服务。

特征三：不可转让性

每位就餐的顾客，都无法把其所接受的服务转让给第三者，且仅以"当时"为限，等到下次光临时，则会因服务人员不同或是就餐环境等的不同，而得到另外的就餐服务。

特征四：同步性

餐饮服务的特点是在接受顾客提出的要求后才提供相应的餐点服务。当顾客指定菜单后，就确定了消费形态和类别，同时厨房也依据菜单的内容开始整理、制作。因此，餐饮服务的生产、销售、消费三个环节是同时进行的。

特征五：有价性

餐饮服务是一种有偿服务，本身具有价值，能为企业带来利润。优质的服务是餐饮企业成功的重要因素之一，它能够为企业创造利润，带来效益。

特征六：直接性

由于餐饮服务的生产、销售和消费是同步进行的，所以效果能直接体现出来。这一特点，决定了餐饮服务不同于一般商品。因此，在服务过程中如果出现差错，如上菜时不小心把汤汁洒在顾客身上，就难以挽回失误已造成的不良影响，而只能通过其他途径来予以适当弥补。针对餐饮服务直接性这一特点，服务人员在工作中就必须具有高度的责任感和良好的服务技能，认真做好自己的本职工作，以达到良好的服务效果。

特征七：灵活性

顾客来自不同民族、不同国家地区，处于不同层次、不同文化背景，有着不同的年龄、不同的职业、不同的思想意识和道德规范，并且有不同的宗教信仰、风俗礼仪、饮食习惯、生活禁忌和就餐目的、就餐心理以及不同的性情、口味偏好等，于是，不同的客人必会在就餐过程中有着不同的需求。

特征八：差异性

不同的餐饮企业之间服务具有差异性，即使在同一家餐饮店用餐也可能因服务对象、服务员、厨师、菜单等的差异，或是时间的不同，而出现多种多样的服务模式和形态。

特征九：规范性

随着餐饮业的发展，餐饮服务必须制定统一的服务标准和规范，以不断提高服务水平。

制定了服务标准和规范，就能有章可循，使服务更规范管理，每个服务员都努力遵照标准，认真贯彻执行各项服务规程，形成统一规范的服务水准，显示企业的面貌和特色。

第二节　不同类型客人特点

类型一：不同年龄客人

1.青年客人

青年客人喜欢一些新潮时尚的东西，可以给他们推荐餐饮店新鲜的菜品或各种不同风味和制作方法的菜品，一般青年人的经济水平不高，因此菜品的价格不要太高。对青年客人的服务应该亲切自然，不必太殷勤但也不能太冷淡，应把握好一个度。上菜的速度要稍快，通常青年人都缺乏耐心，如果等得太久，会让他们感觉烦躁。

2.中年客人

中年客人对食、住要求不高，但对孩子的饮食健康却非常重视。餐饮服务员可多介绍一些营养价值较高又实惠的菜肴，或向小朋友推销一些新奇有益的饮料。

3.老年客人

老年客人，吃饭时喜欢热闹和制造气氛，对工艺品颇感兴趣。服务时应注意保持亲切的笑容，不可因其有滑稽的举动而讥笑他们。对老年客人的服务需细心周到，要让他们体会到无微不至的关怀。

> **小提示**
>
> 可向老年客人推荐那些营养价值高、酥软易消化的菜品。

类型二：不同性格客人

1.活泼型客人

活泼型客人性格开朗外向，善于和人交往，给人一种随和、好相处的感觉，气氛会比较活跃。

对于这类客人，服务员要主动热情，多和客人交流，以赢得客人的好感。服务员在与客人沟通时，可以采取积极推销，如推荐一份货真价实的套餐，或主动介绍餐饮店的特色菜肴等，能很好地得到客人的认同，使客人感觉到服务员是设身处地在为他着想，从而使客人对餐饮店服务员产生好感。

2.急躁型客人

急躁型客人性格比较急，要求迅速快捷，希望的服务要求马上满足；要求服务员要有问必答；对服务员提出要求时，喜欢以定性的语言，有时还会用手势加强语气；对服务不满时，很容易生气，但往往过后又会为自己的冲动而后悔。这类客人心直口快、性格直爽，因此，服务员为这种客人提供服务时，要沉着冷静，保持平和的心态，行走迅速、语言简练，对客人提出的任何要求均给予准确地回答。

3.稳重型客人

通常稳重型客人对服务的要求很高，这种客人虽然不愿多提要求，但对服务的标准有很严格的要求。因此，餐饮服务员更要在服务中严格遵循服务程序与标准。严谨的工作作风、专业的操作规范、恰当的语言修辞等，都有助于达到客人的期望。

类型三：不同消费类型客人

1.求新型客人

求新型客人喜欢新颖、刺激，追求标新立异，这种客人大多是些年轻时尚的人，喜欢追赶潮流，为了追求服务的新颖、别致、刺激，不太注重菜品的质量和价格。餐饮店菜点的新品种、服务的标新立异都对这类客人具有很强的吸引力。

2.享受型客人

享受型客人大都有一定的地位和经济基础，喜欢生活的物质享受，注重品位。

他们乐于显示自己的地位或富有的形象，是高档菜点和高级包间雅座的消费者。为了满足享受型客人的需要，餐饮店不仅要提供高水平的设备和饮食，还要求服务员提供全面、优质的服务。

3.信誉型客人

信誉型客人注重服务时获得良好的心理感受。他们在接受服务消费时，非常看重餐饮店的菜品特色，能否提供清洁、安全、舒适的环境，以使自己获得满意而愉快的心理感受。这种客人对餐饮店的设施和价格并不过分苛求，但对脏乱的环境和冷漠的服务会心存不满，他们认为人们饮食消费的过程应该是一个快乐、欢愉的过程，他们要求得到满意、愉快、舒畅的心理感受和美好的记忆。因此，在为这类客人服务时要特别小心。

4.便利型客人

便利型客人注重服务场所和服务方式的便利，希望在接受服务时能方便、快捷，并讲求一定的质量。这种类型的客人大都时间观念强，具有时间的紧迫感；最怕的是排队、等候和服务员的漫不经心、不讲效率。因此，服务员在为这类客人服务时，要处处为客人着想，提供便利、快捷、高质量的服务。

5.求廉型客人

求廉型客人非常关注商品的价格，希望得到物美价廉的东西。这种类型的客人都很节俭，处处精打细算，不喜欢浪费，他们非常注重饮食制品和服务收费的价格，而对质量没有太多的要求。服务员在为这种类型客人服务时，要以中、低档的服务项目去满足他们的需要。

类型四：不同国别客人

1.美国客人

美国人谈吐幽默、性格开朗，对人有礼貌，不喜欢繁文缛节，以不拘小节而著称。美国人的饮食习惯比较随便，口味清淡，对菜的要求是量小、质高、咸中带甜，烹调以烤、煎、炸等方法为主。

大多数美国人怕热不怕冷，注意室内外卫生。美国人站立谈话时，习惯保持一定的距离。美国人讲究"女士优先"。

小提示

服务员在表示惊讶时，不要伸舌头，否则会被看作是侮辱人的举止。

2.英国客人

英国人口味清淡、甜酸、微辣、鲜嫩，对菜的数量要求不高，但特别讲求质量，注重营养成分，注重菜肴的花样和制作，如色、香、味、形。英国人喜吃牛肉、羊肉、鸡、鸭、蛋、鱼、野味、牛奶、奶油、水果和各种蔬菜，不愿吃带汁、过辣的菜肴，不吃狗肉。英国人进餐时先喝酒，爱吃烤面包、甜点心，喜欢吃奶油蛋糕。鸡蛋烹制方法一般为煎、煮、炒，但还要放火腿、咸肉、番茄和菠菜等。

3.法国客人

法国人吃菜讲究色、香、味，注重营养的搭配，并以肉食为主，喜欢吃猪肉、牛肉、羊肉、鸡、鱼、虾、蛋及各种蔬菜，不喜欢吃辣椒。

法国人喜欢喝酒，并且对饮酒很有讲究，法国酒类品种繁多，质好味美。法国人喜欢喝"下午茶"和矿泉水。晚餐喝薄荷茶，餐后喝咖啡、红茶，吃水果、雪糕。

4.德国客人

德国人率性坦诚，注重礼节，注重绅士风度。在吃方面不是很讲究。

德国人早餐相当简单，吃面包，喝咖啡，有时再加上些切成薄片的灌肠和火腿。午餐和晚餐经常只吃一碗汤和一道菜，午餐是正餐，相对较重视，对中国菜很感兴趣。烹调喜欢多放油，口味偏酸甜，不爱辣。德国人的主食有马铃薯、大米或面条，更多的是用肉类作主食；肉的烹调方法有红烧、煎煮、清蒸和制汤等。他们还爱吃野味、家禽、各种水果和蔬菜。德国人喝咖啡和葡萄酒，但主要的饮料是啤酒，大多数德国人吃饭时都要先喝啤酒。

小提示

除了北部沿海地区外，大多数德国人不吃鱼类。

5.日本客人

日本人性格内向，感情细腻，注重礼节，讲究礼貌。

日本人日常饮食主要有三种：第一种是传统的日本饮食方式，又称"和食"；第二种是中餐；第三种是西餐。日本人的口味多为咸、鲜、清淡少油、稍带甜酸和辣味，爱吃拌、炒、蒸的菜肴。饭后喜喝清茶。

6.俄罗斯客人

俄罗斯人口味浓重，一般以咸、油腻为佳，喜咸酸味，不怕油腻，也喜欢吃酸的食品。俄罗斯人的主食是面包和肉类，以各种烤制品为主，俄罗斯人大多喜食黑面包，对猪肉、羊肉、牛肉、禽、蛋、萝卜、番茄、圆白菜、生菜、马铃薯、酸奶、奶渣、鱼、虾等均喜欢。

第三节　中餐菜系基本知识

菜系是指菜肴体系。作为餐饮服务员，只有了解了菜系，才能在菜品介绍时，因人、因需要而准确地介绍，才能成功推荐，帮助满足客人消费的需求。

菜系一：鲁菜

鲁菜是山东菜的简称。鲁菜由济南、胶东地区（包括烟台、青岛）的地方菜组成。鲁菜的特点是口味鲜、形态美，加工精细，功在火候。

1.鲁菜技法

鲁菜的技法向来以爆、炒、炸、熘、焖、扒见长。尤以"爆"为世人所称道。鲁菜的"爆"法，可分为油爆、汤爆、葱爆、酱爆、芫爆等多种方式。用"爆"制菜需旺火速成，是保护营养素最佳的方法之一。

2.鲁菜味型

鲁菜的"味"体现在咸、鲜、酸、甜、辣等味型上。

（1）鲁菜的咸。被视为这个菜系的基本味，是将盐作调和五味的根本。济南菜多用盐水，这比用盐调味更均匀。此外，还采用酱、酱油、豆豉、豉汁、腐乳等由盐衍生出来的调味品。

（2）鲁菜的鲜。多来源于"清汤""奶汤"。除甜菜外，所有的菜在炒制中都要用"汤"。在爆炒、清炒、熘、煸的烹调方法对汁中，都要加入"清汤"。在"白扒"菜中都要加入奶汤。

（3）鲁菜中的酸。基本上取决于醋。在菜品中醋不仅有酸味，更要取其香味。

用热油先烹醋，待香味挥发出来再放主料，这样炒出的菜有浓郁的醋香味。鲁菜中的糖醋瓦块鱼的糖醋汁即属甜酸味型。在汤汁中直接加醋而取其酸，酸味浓，别有风味。如"醋辣鱼""醋酸鱼块""山东蒸丸（图2-1）"皆属酸味较浓的菜肴。

图2-1　山东蒸丸

（4）喜葱蒜以及其辣，是山东人的一种特殊嗜好。大葱是章丘最为有名，味甘而辛，可生食，用生葱蘸甜面酱更别具风味。这种吃法随山东名菜"烤鸭""锅烧肘子""清炸大虾"等进入高档宴席。

小提示

　　鲁菜喜欢以葱香作调味，不论是爆、炒、烧、熘还是调汤都以葱蒜炝锅。

菜系二：川菜

川菜以成都、重庆两地为代表。川菜常用的烹制方法有30余种，其中尤以小煎、小炒、干烧、干煸独具特色。

每种制备方法都有独特、完整的工艺要求。同一种烹调方法，因原料、味别的差异，其菜式制法又各具特色，如炒，有生炒、熟炒、小炒、软炒，一种炒法之中又可分贴锅炒、沙炒、盐炒、油炒。

而小煎、小炒、干煸、干烧为川菜独有。小煎、小炒时不过油，不换锅，急火短炒一锅成菜。菜品鲜而不生，滚烫喷香。干烧时微火慢烧，用汤不满不欠自然收汁，口味浓而不酽。干煸时中火旺油、反复煸炒，菜品以酥制韧，散发干香之味。

川菜的"味"尤为突出。四川产有独具特色的调味品，如郫县辣豆瓣、自贡川盐、保宁食醋、潼川豆豉、涪陵榨菜、新繁泡姜和泡辣椒等都是川菜常备的调料。

小提示

　　怪味、鱼香味、家常味是四川菜独特的三大味型。

川菜有"一菜一格、百菜百味"的称誉，其中"格"和"味"都是这些独特的调味品调制出来的。用厨师的技艺可将单一味道调制出咸、鲜、糖醋、鱼香、家常、陈皮、怪味等各具特色的复合味。

怪味，是用姜、蒜、葱、白糖、花椒面、红油、醋、白酱油、芝麻油、味精等10余种调料调成的。其味要求集甜、麻、辣、香、鲜于一体，不能突出某一味，而要味中有味，重叠和谐。

鱼香味，要求成菜味中咸甜酸辣四味兼有，突出的香味是葱、姜、蒜味。

家常味，其基本味型是咸鲜微辣，其味浓淡随菜式所需而定。

川菜按味的型别有以"清鲜"见长的清蒸江团、开水白菜、鸡豆花；有鲜香浓醇的干烧鱼翅、家常海参、葱酥鱼、烤酥方；有咸辣兼备、鲜美醇厚的宫保鸡丁、豆瓣鱼；家常味的麻婆豆腐、水煮肉片；鱼香味的鱼香肉丝；怪味的怪味鸡等。

菜系三：粤菜

粤菜也称广东菜，由广州、潮州、东江三地风味菜肴所组成。

1.广州菜

广州菜包括珠江三角洲的肇庆、韶关、湛江等地风味。其特点是取料广、选料精、配料奇、技艺精、善变化、品种多，品味讲究清鲜、嫩脆、滑爽。特别擅长炒、煎、炆、炸、煲、炖、扣等技法。主要代表菜有"龙虎凤烩""白云猪手（图2-2）""蚝油网鲍片""红烧大群翅"等。

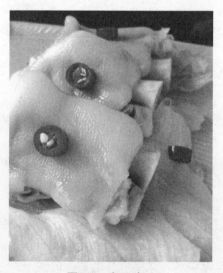

图2-2　白云猪手

2.潮州菜

潮州菜接近闽粤，汇两家之长自成一派。刀工精细，善烹海鲜，汤菜尤具特色。口味偏重香、浓、鲜、甜、清醇。汤菜爱用鱼露、沙茶酱、梅子酱、红醋等调料。制备方法以焖、炖、烧、焗、炸、蒸、炒、泡等技法最为擅长。其代表菜有"柠檬炖鸭""潮州烧鹅""鲜炸蟹塔"。

3.东江菜

东江菜又名客家菜，其饮食习俗仍保留中原固有的风貌。原料多用肉类，极少用水产。主料突出，用油重，口味偏咸，朴实大方，以砂锅菜见长，以烹制鸡、鸭著称。有独特的乡土风味。烹调方法多而善变，常用蒸、炖、烩等方法。其主要代表菜有"东江盐焗鸡""东江全鸭""煎酿豆腐（图2-3）""东江鱼丸"等。

图2-3　煎酿豆腐

菜系四：苏菜

苏菜是江苏菜的简称，其影响遍及长江中下游广大地区。

苏菜主要由淮扬菜、金陵（江宁）菜、苏锡菜和徐海菜四个流派组成。

1.淮扬菜

淮扬风味菜以扬州、两淮（淮阴、淮安）为中心，以大运河为主干，南至镇江，东至南通，北至盐城。菜肴口味以清淡见长，咸甜适中，味和南北。在扬州，不仅保存了大量的传统菜，也创新了许多佳味，如"三套鸭""将军过桥""醋熘鳜鱼""文思豆腐（图2-4）"，都是有口皆碑的名菜。两淮鳝鱼席久负盛名，其中以"炝虎尾""生炸蝴蝶片""炒软兜"最为有名。镇江的鲥鱼、刀鱼、鳜鱼菜肴驰名。清蒸鲥鱼则是席上珍品。南通以烹制海鲜、水产、禽类菜肴闻名于江苏。最知名的菜肴有"清炖蟹黄狮子头""珊瑚虾仁""天下第一鲜"等，闻名海内外。

图2-4　文思豆腐

2.金陵（江宁）菜

金陵（江宁）风味菜又称"京苏大菜"，指南京菜。南京菜中以金陵的画舫船宴尤具特色，在口味上兼取四方之美，适应八方之味。擅长焖、炖、叉烧、烤等，以滋味柔和、醇正适口为特色。其代表菜有"金陵桂花鸭（图2-5）""拆烩鲢鱼头""炖蒸核仁""金陵扇贝"等。

图2-5　金陵桂花鸭

3.苏锡菜

苏锡风味菜以苏州、无锡菜为中心。春秋时期，苏锡菜最著名的菜肴是专诸所做的"金鱼炙"。到了唐代，苏锡菜转变为重火候，善用炖、焖、煨、焐等技法，多以水产贝虾为主，并兼取爆、炒、煎、炸等技法，使其更为丰富多彩，细腻玲珑，其口味由重甜、浓油、咸鲜口逐渐趋向清新爽口，浓淡适宜，注重造型。其名菜有"碧螺虾仁""雪花蟹斗""松鼠鳜鱼（图2-6）""鸡茸蛋""香脆银鱼""镜箱豆腐""常熟叫化鸡"。

图2-6　松鼠鳜鱼

4.徐海菜

徐海风味菜是指徐州沿东陇海线至连云港一带的地方风味菜。追溯来源，它的许多名菜都与彭祖有关。据说，"羊方藏鱼"（图2-7）就是彭祖的传世之作。徐海地区果蔬、野味、海鲜极为丰富，徐海名菜"野味王套"就是取用当地的大雁、野鸭、斑鸠、鹌鹑等作主料，配以香菇、火腿、冬笋、青菜心制成。徐海人爱食羊肉，冬吃三九，夏吃三伏，几乎所有餐馆都有羊肉菜肴。徐海菜口味主要以咸鲜为主，特别注重原汤原味，一菜一味。夏季清淡忌辛热，冬季浓重，以猪、羊、鸡和冬令时蔬制作菜点。在烹饪技巧上徐海菜精于炒、爆、熘、干炸。"糖醋黄河鲤鱼"这道菜在徐海享有盛名，徐海酒宴素有"无鲤不成席"之说。

　　总之，江苏菜系特点为选料严谨，制作精细，因材施艺，四季有别。烹调注重炖、焖、蒸、炒、烧，善调汤，保持原汁原味，汤汁应用面广，淡而不薄，浓而不腻。菜品酥烂脱骨而不失形，滑嫩爽脆不失其质。

图2-7　羊方藏鱼

菜系五：浙菜

　　浙菜由杭州、宁波、绍兴、温州四个地方风味菜肴所组成。

1. 杭州菜

　　杭州菜是浙菜的主流。传承南宋以来历代名厨的技艺，体现出菜肴制作精细，清鲜爽脆，淡雅细腻，带有古都典雅特色。以"西湖醋鱼""东坡肉（图2-8）""龙井虾仁""生爆鳝片""干炸响铃""油焖春笋""宋嫂鱼羹""叫花童子鸡""西湖莼菜汤"等菜最为有名。

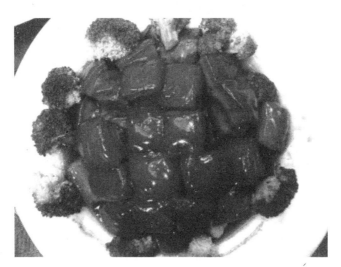

图2-8　东坡肉

2.宁波菜

宁波菜以鲜咸为基础，注重保持原汁原味。用料实在，色泽和口味较浓。因宁波濒临东海，以烹制海鲜为擅长。宁波名菜有"雪菜大汤黄鱼（图2-9）""锅烧鳗鱼""黄鱼羹""冰糖甲鱼""目鱼大烤""三丝拌蛤"等。

图2-9　雪菜大汤黄鱼

3.绍兴菜

绍兴菜以绍兴酒糟烹制的糟菜著称，菜肴香酥糯绵，汤浓味重。绍兴菜以河鲜、家禽为主，具有浓厚的乡村风味。代表菜如"糟鸡""糟熘虾仁""干菜焖肉（图2-10）""绍兴虾球"等。

图2-10　干菜焖肉

4.温州菜

温州在我国古代历史称"瓯"，素以"东瓯名镇"著称。"瓯菜"以烹制海鲜见长。口味清淡，淡而不薄。烹调讲究"二轻一重"（即轻油、轻芡，重刀工）。其代表菜有"爆墨鱼丝""网油黄鱼""炸熘黄鱼""蒜子鱼皮（图2-11）"等地方名肴。

图2-11　蒜子鱼皮

菜系六：徽菜

徽菜是安徽菜的简称。徽菜由皖南、沿江和淮北三种地方风味菜所组成。其中皖南风味以徽州地方菜为代表，是徽菜的主流和渊源。

（1）徽菜以烹饪山珍野味著称，擅长烧、炖，讲究火工，并习惯以火腿佐味、冰糖提鲜，善于保持原汁原味。不少菜都用木炭火单炖，不仅体现徽菜的古朴典雅风貌，而且菜香四溢，诱人食欲。其代表菜有"火腿炖甲鱼（图2-12）""冰糖香莲""清炖马蹄鳖""黄山炖鸡"等。

图2-12　火腿炖甲鱼

（2）沿江风味盛行于芜湖、安庆、合肥地区。以烹调河鲜、家禽见长。讲究刀工，注重造型，以糖调色。其烟熏技术别具一格。其菜肴具有酥嫩、鲜醇、清爽、浓香的特点。代表菜有"毛峰熏鲥鱼""清香砂焐鸡"。

（3）淮北风味主要由蚌埠、宿县、淮北等地菜式构成。其风味特点是咸中带辣，汤汁口重、色浓，惯用香菜作佐料和配色。烹调长于烧、炸、熘，菜品质朴、酥脆、咸鲜、爽口。闻名全国的"符离集烧鸡""葡萄鱼（图2-13）""奶汁肥王鱼""香炸琵琶虾"等是当地著名风味菜肴。

图2-13　葡萄鱼

菜系七：湘菜

湘菜是湖南菜的简称。湘菜由湘江流域、洞庭湖畔、湘西风味汇集而成。

1.湘江流域

湘菜以湘江流域风味菜肴为主要代表。以长沙、衡阳、湘潭为中心的湘江流域风味是其主流。特点是用料广泛、制作精细、品种多样、油重色浓。制作上以炒、蒸、腊、炖、煨等技法见长。口味注重酸辣、香鲜、软嫩。其代表菜有"东安子鸡""冰糖湘莲""紫花脱袍""糖醋脆皮鱼（图2-14）"等菜式。

图2-14　糖醋脆皮鱼

2.洞庭湖畔

洞庭湖畔的风味菜，善用炖、烧、腊技法。以烹制河鲜和家畜家禽著称。特点是芡大油重，咸辣香软，代表菜有"麻辣子鸡""剁椒鱼头（图2-15）""五元神仙鸡"。

3.湘西风味

湘西风味菜，擅长烹制山珍野味，烟熏腊肉和腌肉，口味侧重咸香酸辣，有浓郁的山乡特点。其代表菜有"炒腊野鸭条""腊味合蒸（图2-16）""湘西酸肉"等。

图2-15 剁椒鱼头

图2-16 腊味合蒸

湘菜最突出的地方风味特色是以辣味菜和熏、腊制品居多。因湖南气候温暖潮湿，所以人们喜爱食有驱风、去湿的辣味食品。且食品经熏、腊后容易保存并且别具风味。因此，熏、腊是湘菜一大特色。

菜系八：闽菜

闽菜又称福建菜。福建各地自然条件不同，所形成的民间食俗有很大差异。依据不同的风味特色，闽菜又分为福州菜、闽南菜、闽西菜。

1. 福州菜

福州菜是闽菜的代表，在以福州市为中心的闽东、闽北部分地区比较流行。福州菜形成于南宋时期。中原士族南下，带来了中原及苏杭菜的技艺，又不断吸收北方菜、江西菜、徽菜、湘菜、粤菜的特点，使自身特色日臻完善。其特点是清淡、鲜美、爽口、偏甜、偏酸。特别讲究汤菜制作。其代表名菜有"佛跳墙（图2-17）""淡糟炒香螺片""鸡汤氽海蚌"等。

图2-17　佛跳墙

2.闽南菜

闽南菜主要分布在晋江、泉州、厦门、漳州等闽南沿海地区，以烹饪海鲜见长。且选料严谨，讲究调味，操作仔细，炒、炸、熘、焖、蒸、煨、炖等技艺突出。菜品具有鲜、浓、香、烂等特色。口味略带甜、酸、辣，善用沙茶、芥末作调味品。其名菜有"龙身凤尾虾（图2-18）""沙茶焖野鸡""沙茶炒牛肉""通心河鳗""芙蓉鲟鱼"等菜品。

图2-18　龙身凤尾虾

3.闽西菜

闽西菜一般称客家菜，主要分布在闽西山区。据史书记载，客家人不是当地的士族，其祖先来自黄河中下游流域。至今还保留许多中原人古代的习俗，饮食上则把中原的烹调技艺与当地资源相结合，形成了独特的风味。其特点是有浓郁的南方山区色彩，用料多采自山区出产的笋、菇、芋、薯、鸡、鸭、猪、牛、羊和鹿、蛇、鱼、虾、龟、鳖等。刀工质朴、粗犷，调味品少，风味纯正，鲜美偏咸。一般菜肴都碗大量大，以显客家人热情好客。其代表菜有"麒麟脱胎""爆牛七品""太极芋泥（图2-19）"等。

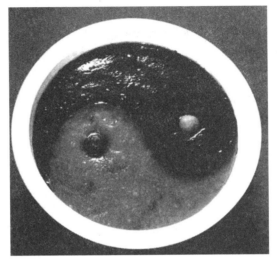

图2-19　太极芋泥

第四节　西餐菜系基础知识

西餐起源于意大利地区，以法国菜为核心，膳食结构以肉、禽、蛋、奶、面粉为主食，烹饪技艺讲究，进餐用具为刀或叉。

菜系一：法国菜

法国菜烹调考究，以味美、精致、多样而最负盛名。法式菜口味偏重，以肥、浓、酥、烂为特色，多用牛肉、蔬菜、禽类、海味和水果为原料。喜生食，不吃辣食，喜食鹅肝。典型的代表菜有"鸡色拉""马令古烩鸡""红酒焖牛肉（图2-20）""焗田螺等"。

图2-20　红酒焖牛肉

菜系二：英国菜

英国菜讲究鲜、嫩，口味清淡少油，菜量少而精。调料很少用酒、香料和其他调味酱，一般用盐、胡椒粉、醋、辣酱油、色拉油、芥末沙司、番茄沙司等。这些一般都放在桌子上，客人可自由取用。英国菜喜用煮、铁扒的方法，常以水产、海鲜和蔬菜为原料。典型的代表菜有"英式羊排""烧牛肉""英式煎猪肝""英式烤羊腿"。

菜系三：意大利菜

意大利菜味浓香烂，重原汁原味，烹调方法以炒、煎、炸、红烩、红焖闻名。调味品以番茄汁、橄榄油为主。意大利面条有40多种，可见该国喜食面食的嗜好。典型代表菜有"红焖鸡""烩明虾""铁扒干贝""通心粉马铃薯汤""钦差汤""乡下浓汤"等。

菜系四：美国菜

美国菜讲究香熟，如煎蛋需煎至两面发黄。口味喜好咸里带甜，忌辣味。常用水果作配料。典型菜有"华道夫沙拉""菠萝焗火腿""苹果烧鹅""什锦铁扒"等。

菜系五：俄罗斯菜

俄罗斯菜重酸奶油，口味突出咸、酸、辣、香，制作简单，讲究实惠。以面包为主食。典型菜有"番茄焖牛肉""烤牛仔腿""开夫鸡""罗宋汤（图2-21）""串烧山鸡"等。

图2-21 罗宋汤

菜系六：德国菜

德国人喜腌渍肉食品，香肠种类繁多，其配菜主要是腌渍的卷心酸菜，吃肉必配酸菜；又喜食马铃薯，马铃薯沙拉花式繁多；喜食野味，典型代表菜有"焖酸牛肉""汉堡牛排"等。

菜系七：日本菜

日本菜味道鲜美清淡，保持原味。喜甜而不重油。主料多用海鲜，其次为牛肉。禽蛋、猪肉较少用。其烹调方法为蒸、煮、炸、烤、拌、炖等，喜生食鱼鲜。

主要配料有海带和紫菜，代表菜有"酱汁烤鱼""明虾刺身（图2-22）"。

图2-22　明虾刺身

菜系八：土耳其菜

土耳其菜是清真菜的代表。主食有面粉、大米，菜肴的主料为牛肉、羊肉、鸡肉、鱼及各种蔬菜，典型菜肴有"冰冻酸奶黄瓜汤""手抓羊肉"等。

第五节　餐饮酒水基础知识

知识一：酒

1.中国名酒

中国传统的十大名酒是：贵州茅台酒、四川五粮液、山西汾酒、贵州董酒、四川剑南春、泸州大曲、江苏洋河大曲、安徽古井贡酒、山西金奖白兰地、山西竹叶青。以下简单介绍几种。

（1）茅台酒（酱香型）。茅台酒产于贵州省仁怀市茅台镇，酿造原料是优质小麦和红高粱。用水取自高山深谷的深井水，因而酒液纯净透明，酱香突出，酒体醇厚，幽雅细腻，饮后空杯留香，回味无穷。如图2-23所示。

图2-23　茅台酒

图2-24　汾酒

（2）汾酒（清香型）。汾酒产于山西汾阳市杏花村，以当地高粱为原料，取村中清澈纯净井水酿制而成。其酒液晶莹透明，清香味美，酒味甜醇，酒质纯净，酒力强健而无刺激性。适量饮用能促进血液循环，消除疲劳，使人心旷神怡。如图2-24所示。

图2-25　五粮液

（3）五粮液（浓香型）。五粮液产于四川省宜宾市，是以高粱、糯米、大米、玉米和小麦为原料，用取自岷江江心纯净江水酿成。酒液清澈透明，柔和甘美，沾唇无强烈的刺激性，落喉净爽，各味皆谐，形成独特的风格。如图2-25所示。

图2-26　剑南春

（4）剑南春（浓香型）。剑南春产于四川省绵竹市，是以高粱、大米、糯米、玉米、小麦为原料酿成，品质优良，风味悦人。如图2-26所示。

（5）古井贡酒（浓香型）。古井贡酒产于安徽省亳州市古井镇，是以本地高粱为原料，用大米、小麦、豌豆制曲，加上古井佳水，酿制的酒液清澈透明如水晶，香醇如幽兰，倒入杯中黏稠挂杯，入口酒味醇和，浓郁甘甜，余香悠长，适量饮用有健胃、祛劳、活血、焕神之功效。

（6）洋河大曲（浓香型）。洋河大曲产于江苏省宿迁市宿城区洋河镇。以精选的江苏优质高粱为原料，以小麦、大麦、豌豆为糖化发酵剂，采用当地著名的"美人泉"之清澈泉水酿成。酒液清澈、酒质醇厚、余味爽净、风味优美。

2.洋酒介绍

洋酒历史悠久，品种繁多，著名的产酒国和地区有：法国、意大利、德国、奥地利、希腊、西班牙、马德拉岛、葡萄牙、匈牙利、智利、美国、日本、澳大利亚等。下面是比较有名的部分洋酒。

（1）白兰地（Brandy）。白兰地是用葡萄或水果发酵后蒸馏而成的一种烈酒，蒸好的酒需放在橡木桶里经过相当时间的储藏。

白兰地较为著名的牌子有：人头马、马爹利、轩尼诗、爱之喜、长颈FOV、御鹿、拿破仑、百事吉等。

小提示

白兰地以法国康涅克地区产的为最好。

（2）威士忌（Whisky）。威士忌多用大麦、玉米为原料，用麦芽为糖化剂，经糖化、发酵、蒸馏而成，可与汽水、柠檬配饮。常见威士忌有皇家芝华士、海格、波威尔、吐拉摩、四玫瑰、美国黑威士忌、王冠。

（3）伏特加酒（Vodka）。伏特加酒，通常用马铃薯或多种谷物作原料，经发酵、蒸馏过滤而成。酒度高达90°以上，是一种烈性酒，无色无味很提神。常见的伏特加酒有：兰出、波尔斯卡亚、哥萨克、斯米诺夫。

（4）琴酒（Gin）。琴酒，又称金酒、毡酒、松子酒。用75%的玉米、15%的大麦芽、10%的其他谷物，经过搅拌、加热、发酵，再经过连续蒸馏器来蒸馏。蒸馏出的酒含180～188个酒精纯度，再加入蒸馏水，降低到120，然后在琴酒蒸馏器中加上香料再蒸（这些香料有胡荽、苦杏仁、小豆蔻、桂皮、白芷、柠檬和橙皮及主要的杜松莓）。常见的琴酒有：波尔斯（Bols）、波克马（Bokma）、博士（Bootm's）、戈登斯（Gordo's）、比费特（Beefeater）、哥顿（Gordom's）。

（5）兰姆酒（Rum）。兰姆酒是甘蔗酿制而成的，常见的如：百加地（bacardi），船长酿（captain' sreserve）。

（6）甜酒（Ligueurs）。甜酒（又称利口酒），一般叫做"力乔"。制法是在白兰地、威士忌、兰姆、琴酒、伏特加、葡萄酒中加入一定的"加味材料"，如果皮、砂糖、香料等，经蒸馏、浸泡、熬煮而成。常见的有方利咖啡酒（TiaMafia）、克罗克咖啡酒（Kahhla）、金万列香橙白兰地（Grand·Mamier）、绿薄荷酒（peppermint Green）、鲜橙甜酒（Orange Curaeao）。

（7）烈口（加香料甜酒）。烈口和加香料是同义的。这是一种用蒸馏法重新提取的中性烈酒与水果、花卉、香草、种子、植物根、植物或其他甜的和有颜色的汁混合起来，制成具有高浓度的甜香味的酒。常见的有艾酒（Absinthe）、紫罗兰甜酒（Cremederiolette）、河曼、毕康（Amer、Picon）、柑香酒（Curacao）、樱桃酒、杏子酒、香蕉酒、可可香草甜酒等。

（8）香槟酒。香槟酒是一种含气体的葡萄酒。味甜，不含高量酒精，很受大众喜爱。常见的有宝林歇（Bollinger）、莫埃武当（Moet Chandon）。

（9）日本米酒。日本米酒制法近似中国的黄酒。一般先洗料、蒸煮、发酵、加饭、过滤、陈酿，后提取而成。常见的有呋酣、屠苏、清酒。

3.啤酒

（1）国内名牌啤酒。我国名牌啤酒很多，如青岛、五星、雪花、珠江、金威等，现择其中较为著名的啤酒介绍如下。

① 青岛啤酒。青岛啤酒生产始于1903年，产于山东省青岛市，属淡色啤酒，酒度3.5°。原麦汁浓度12°，这种啤酒是选用较好的大麦为原料，先制成麦芽，再经糖化，制造时添加该厂自己生产的优质酒花，经煮沸、冷却发酵、储藏等工序制成。产品的特点是：色淡黄，清澈透明，泡沫洁白，细腻而持久，具有显著的酒花麦芽清香及酒花特有的苦味，饮时爽口。

② 五星啤酒。五星啤酒是北京双合盛啤酒厂的产品。它选用优质麦芽、优级酒花，用上等大米为原料，操作工艺精细，它的酒度为3.5°，麦芽汁浓度为14°，五星啤酒酒液为淡黄色，清亮透明有光，二氧化碳充足，泡沫洁白细腻、持久，有浓郁的酒花香和麦芽香，口感醇浓、爽口。

（2）外国名牌啤酒。国外较为著名的啤酒有下列几种：慕尼黑啤酒、多特蒙啤酒、比尔森啤酒、司陶特啤酒。

知识二：茶

1.乌龙茶

乌龙茶（图2-27）以福建产的最著名，其中"岩茶"是珍品，以武夷山产的为最好；"铁观音"为优良品种，以安溪县产的为最佳；"水仙"是上品，以崇安、建瓯产的最有名气。

图2-27　乌龙茶

乌龙茶的最大特点是香气馥郁，回味悠长，耐冲泡，有减肥美容之妙用。

2.碧螺春

碧螺春茶以江苏吴县太湖之滨的东西洞庭生产的为最佳，其主要特点是条索纤细，卷曲成螺，茸毛披覆，银绿隐翠，泡水碧清，伸展的叶子如雀舌，味醇气芬芳。如图2-28所示。

图2-28　碧螺春

3.龙井

龙井茶产于杭州郊区和西湖附近，有狮峰龙井、梅坞龙井、西湖龙井三个品级，以狮峰龙井为最佳。其主要特点是色绿、香郁、味甘醇、形美、水色清亮。如图2-29所示。

图2-29　龙井

4.普洱茶

普洱茶主要产于云南省勐海县，主要特点是条索肥壮，茶嫩多白毫，色泽青绿，滋味醇厚，香气独特，耐冲泡，具有明显的药疗效果，可助消化，化痰去湿，暖胃生津。如图2-30所示。

图2-30　普洱茶饼

5.云雾茶

云雾茶是庐山的特产，主要特点是味醇、色秀、香馨、液清。如图2-31所示。

图2-31　云雾茶

6.君山银针

君山银针茶以湖南岳阳君山产的最为著名，主要特点是芽头茁壮，紧实而挺立，茶芽的长短大小均匀，白毫显露，形如银针，内呈金黄色。冲泡后香气清鲜，汤色橙黄，叶底明亮，茶叶甘醇，清香可口。如图2-32所示。

图2-32　君山银针

7.祁红

祁红茶以安徽祁门一带产的最有名，是世界名茶。特点是外形紧细，色泽油润，香气浓烈，味厚甜和，水色红亮。

8.毛尖

毛尖茶是河南省的著名特产，尤以信阳地区的最佳，故又称信阳毛尖。其主要特点是外形紧细，峰苗挺秀，芽叶鲜嫩，水色清绿，滋味醇厚，香气清远。

9.黄山毛峰

黄山毛峰以安徽歙县黄山产的为珍品，主要特点是芽叶肥壮，身披银毫，油润光滑，色似象牙，茶汤清澈，醇香鲜爽，回味甘甜。

10.滇红

滇红茶以云南西双版纳产的最好，在全世界享有盛名。特点是条索肥壮，金黄色毫尖，滋味浓厚，水色鲜艳带金黄色。

11.茉莉花茶

茉莉花茶以福建省福州产的为最佳，主要特点是外形美，汤色清，香味浓。

12.猴魁

猴魁茶产于黄山山脉猴坑，主要特点是白毫多而不露，茶色苍绿，香气高爽，味浓而带甜，属茶中珍品。

知识三：咖啡

1.法式咖啡

（1）将咖啡放入壶内，注入水，咖啡与水的比例是1：30，上火煮沸后再用微火煮10分钟过滤倒入另一壶内。

（2）上台时将咖啡倒入碗内，另将烧开的鲜牛奶和罐头牛奶装入奶罐内搅匀单独端上。

（3）煮咖啡的壶一定要刷净，切勿带油。必须煮10分钟咖啡才浓、香。煮的时间太长则无香味，且色污黑灰。

2.皇家咖啡

（1）将咖啡杯加热，倒入冲好的咖啡。

（2）将方糖放在皇家咖啡专用银匙上，再加白兰地，在方糖上点火。

3.维也纳咖啡

（1）将咖啡杯加温，加两茶匙砂糖。

（2）将冲好的咖啡加入杯内至七成满。

（3）挤入打过的奶油，浮在咖啡上，在奶油上淋少许巧克力膏。

（4）在巧克力膏上点缀五彩巧克力糖。

4.爱尔兰咖啡

在爱尔兰咖啡杯中加入30毫升爱尔兰威士忌及两茶匙砂糖，置于酒精炉上加热并不断转动杯身以使玻璃杯受热均匀，等砂糖完全溶化后注入热咖啡，再加上打泡奶油。爱尔兰咖啡是一种世界著名的咖啡混合饮品。

5.卡布其诺

用大咖啡杯装入爱斯普莱索咖啡，再加上打泡奶油，然后撒上巧克力粉或肉桂粉。

6.土耳其咖啡

将150克水注入铁壶烧开，加入糖5克，咖啡2克，用茶勺搅匀，等咖啡刚往上冒时即倒入咖啡碗内，上台时保持咖啡有味。

7.清咖啡

煮沸方法与法式咖啡相同，只是不加其他配料，每碗放糖少许。

8.鲜牛奶咖啡

用玻璃杯装咖啡半杯（约150克），再将热牛奶150克对在一起即成。上台时放糖6克。

9.香桃咖啡

咖啡煮法与法式咖啡相同，每碗单放香桃片两片，糖少许。

10.冷咖啡

将100克咖啡放入壶内，对水3千克烧开，用中火约煮10分钟拿起，将咖啡过滤到瓷壶内，放糖300克搅化，冷却后放入冰箱镇凉。上桌时将咖啡分别倒入5个玻璃杯内，每杯对入鲜牛奶50克，上放樱桃1枚即成。

11.冰激凌咖啡

将200克冷咖啡倒入玻璃杯内，放入冰激凌球50克，再放入打奶油5克。上摆樱桃1枚即成。

知识四：其他饮品

1.可可

可可树生长在热带，属梧桐科，常绿乔木，终年持续开花结果，果实呈长卵圆形，红色、黄色或褐色，种子扁平，果壳厚而硬。种子焙炒、粉碎后即为可可粉，是制作巧克力糖的原料，可作饮料，也可供药用，有强心、利尿的功效。

2.牛奶

牛奶含有丰富的供给人体热量的蛋白质、脂肪、乳糖和人体所需的最主要的矿物质钙、磷以及维生素等，其营养丰富，且利于消化，极易为人体所吸收，没有任何一种单一的食品能和它相比。

3.果汁

果汁的种类很多，一般分为鲜榨、罐装和浓缩三种。果汁含有丰富的矿物质、维生素、糖及有机酸等，它既可单饮，又可调制鸡尾酒。常见的果汁有橙汁、柠檬汁、菠萝汁、西柚汁、葡萄汁等。果汁的最佳饮用温度为10℃，服务前应先放入冰箱冷藏，斟倒时应为3/4杯。

榨取的鲜果汁保鲜时间为24小时，罐装果汁开启后可以保持3～5天，稀释后的浓缩果汁只能存放2天，因此准备时不要过量，以免造成浪费。

4.矿泉水

矿泉水是在高山上由岩石中浸出的清泉，含有多种矿物质，它以水质好、无杂质污染、营养丰富而深受人们的欢迎。其味有微咸和微甜两类，饮之清凉爽口，可助消化。

在法国，大多数的人在用餐时不喝自来水管道里的水，而是喝酒或喝矿泉水，法国的皮埃尔矿泉水和爱维安矿泉水，不仅在法国本土销售，而且远销海外。我国较好的矿泉水有农夫山泉矿泉水等多种品牌。

5.汽水

汽水是一种含有大量二氧化碳气体的祛热解暑饮料。汽水是用一定比例的冷开水、柠檬酸、药用小苏打、白糖、柠檬香精、食用色素（柠檬黄）等原料配制而成的。因配有小苏打的水发生化学反应后产生大量的二氧化碳气体，所以汽水中有气泡冲出。人饮用后，二氧化碳很快从体内排出，这样就带走了人体内的热量，使人感到清凉。另外，二氧化碳对胃壁还有轻微的刺激作用，能加速胃液分泌，帮助消化，因此，它是一种很好的清凉饮料。

第三章
餐饮服务日常礼仪

第一节 餐厅员工仪容仪表

礼仪一：餐厅员工的服饰

餐厅员工的服饰属于职业服饰范畴，它具有职业服饰的基本特征，也就是实用性、美观性和象征性，具体如图3-1所示。

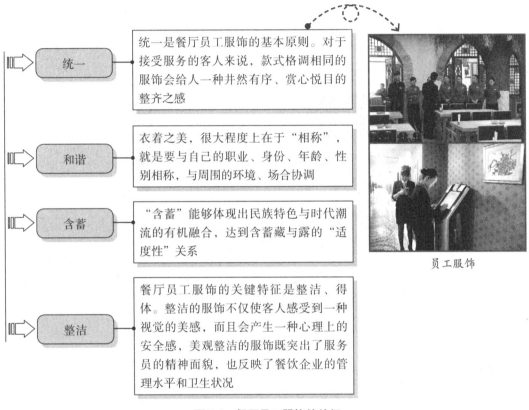

统一	统一是餐厅员工服饰的基本原则。对于接受服务的客人来说，款式格调相同的服饰会给人一种井然有序、赏心悦目的整齐之感
和谐	衣着之美，很大程度上在于"相称"，就是要与自己的职业、身份、年龄、性别相称，与周围的环境、场合协调
含蓄	"含蓄"能够体现出民族特色与时代潮流的有机融合，达到含蓄藏与露的"适度性"关系
整洁	餐厅员工服饰的关键特征是整洁、得体。整洁的服饰不仅使客人感受到一种视觉的美感，而且会产生一种心理上的安全感，美观整洁的服饰既突出了服务员的精神面貌，也反映了餐饮企业的管理水平和卫生状况

员工服饰

图3-1　餐厅员工服饰的特征

> **小提示**
>
> 餐厅员工的工作服饰要与餐厅环境的风格保持和谐或互补。中餐厅员工的着装，要根据餐厅的菜系，以及整个餐厅的背景、装饰、色调来调整，给顾客带来一种和谐的美感，为餐厅增添生动的情趣。

礼仪二：工作中必须着工作服

每家餐厅都非常注意员工形象，专门请人为员工设计工作服，力求设计得美观、实用、标准。工作服既不能像礼服那样正规、华贵，也不能像便装那样随意，只要整洁、大方、雅致即可。

　　餐厅的工作服虽因内部岗位的不同而有许多不同的样式，但款式却是约定俗成的，如服务员、迎宾员等用的款式。有些款式已沿用了几十年，虽没有明文规定，但已被本行业普遍认可。如服务员的工作服是黑色燕尾服、马甲、白色礼服领衬衫、领结。

小提示

　　工作服从色彩到款式都不能过于引人注意，应以庄重、清洁和整齐为原则。

　　每个餐厅的员工都有自己的着装佩饰，即使在同一家餐厅，不同级别员工的着装佩饰也不同。客人往往就是根据每位员工的着装佩饰，来判断员工的身份。图3-2为餐厅员工服饰特征。

图3-2　餐厅员工服饰特征

小提示

　　规范的着装佩戴，既有利于员工开展工作，又有利于员工以典雅、大方、得体的仪表仪容出现在客人面前。

　　餐厅工作服有统一的要求，任何员工不能随意修改。餐厅员工应注意领子和袖口的洁净，注意保持工作服整体的挺括。每天上岗前，餐厅员工必须细心检查工作服上是否有菜汁、油渍，扣子是否齐全、有无松动，衣裤是否有漏缝和破边等。总之，需经反复检查并确认合格后才能穿着工作服上岗。

礼仪三：仪容仪表大方得体

1.仪容

　　餐厅员工要不断提高自身修养，修身养性、陶冶情操、提高审美能力，同时树立积极向上的世界观，使自己保持健康的心态。餐厅员工的仪容要求，如图3-3所示。

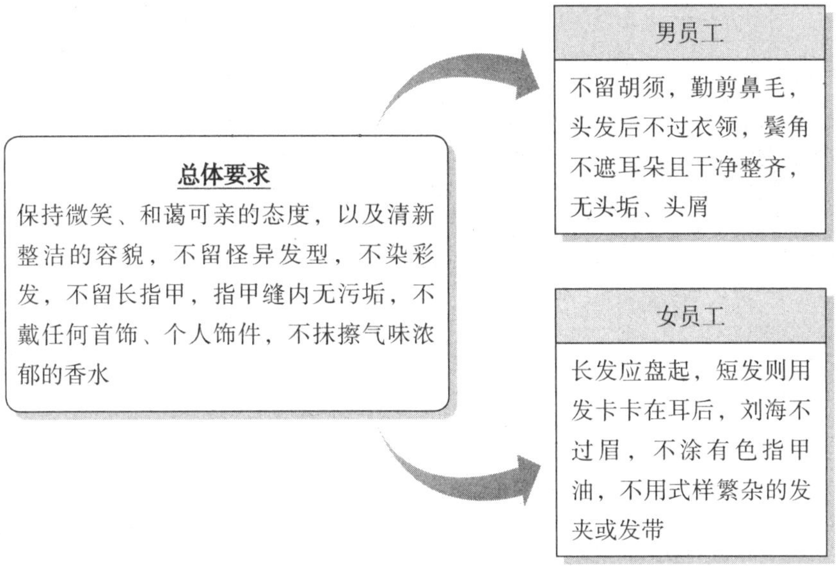

男员工
不留胡须，勤剪鼻毛，头发后不过衣领，鬓角不遮耳朵且干净整齐，无头垢、头屑
总体要求
保持微笑、和蔼可亲的态度，以及清新整洁的容貌，不留怪异发型，不染彩发，不留长指甲，指甲缝内无污垢，不戴任何首饰、个人饰件，不抹擦气味浓郁的香水
女员工
长发应盘起，短发则用发卡卡在耳后，刘海不过眉，不涂有色指甲油，不用式样繁杂的发夹或发带

图3-3　餐厅员工的仪容要求

2. 仪表

仪表是一个人的外表或外在形象。仪表是人的审美情趣、精神状态、文明程度、文化修养的综合体现。

（1）仪表的构成因素。仪表的构成因素如图3-4所示。

（2）仪表的规范要求。仪表的规范要求如图3-5所示。

天然因素
个人自然资质，包括五官、脸型、头发、肤色、身材、四肢等，也就是人们常说的长相
仪表构成因
外饰因素
通过外部修饰后形成的一种外观形象，如服装服饰、美容化妆等
行为因素
行为主要包括个人的姿态、表情、举止与谈吐等

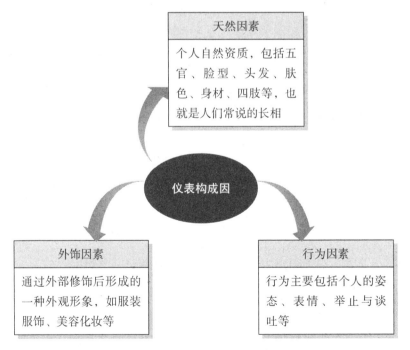

图3-4　仪表的构成因素

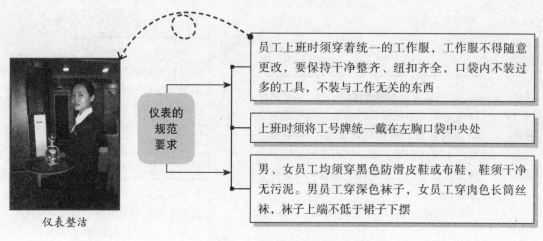

仪表整洁

图3-5　仪表的规范要求

礼仪四：迎宾入厅，热情问候

营业前20分钟左右，迎宾员要准确就位，站立于餐厅门口的两侧或便于环顾四周的位置。

当客人进入餐厅时，迎宾员要主动上前热情问候，然后问清客人人数并引领其入座，如果是正餐服务时间，还要礼貌地询问客人是否已经预订座位。

> **小提示**
>
> 在给客人指引大致方向时，应将手臂自然弯曲，手指并拢，手心向上，以肘关节为轴，前臂指向目标，动作幅度不要过大过猛，同时眼睛要引导客人向目标望去，切忌用一个手指指指点点。

针对客人的不同情况，迎宾员要采用不同的方式予以接待。

（1）如果是一位客人独自来到餐厅，迎宾员说"欢迎光临"即可，不要画蛇添足地问"就您一个人吗？"，以免引起客人的不快。

（2）如果是男、女客人一起来，迎宾员应先问候女宾，再问候男宾。

（3）对于进入餐厅的年老体弱的客人，迎宾员要主动上前照顾或搀扶。

（4）在用餐高峰时，如餐厅内暂无空位，迎宾员要向客人表示歉意，说明情况。如："对不起，目前暂时没有空位，请您稍候可以吗？"并想办法安排客人坐下等候，而不能让客人站在那里等着。

（5）如果客人不愿等候而要离去，迎宾员则应热情相送："欢迎再来。"

礼仪五：恭候点菜，耐心等待

客人就座后，点菜员要适时递上菜单，递送的菜单应干净无污损。点菜员在给客人递送菜单时，态度要恭敬，不可将菜单往桌上一扔便一走了之，这是很不礼貌的行为。

如果男、女客人一起用餐，点菜员应先将菜单递给女士，如很多人一起用餐时，最好将菜单递给主宾，然后按逆时针方向绕桌一一送上菜单。帮助客人点菜如图3-6所示。

图3-6 帮助客人点菜

小提示

点菜员要注意推销技巧，要让客人有选择的余地。什么都推销则等于什么都没推销，不必对每道菜肴都详细描述，而应突出重点。

客人在点菜时，点菜员不要以言语催促，或是以动作如敲敲打打等来显示不耐烦，而要态度和蔼，做到有问必答、言简意赅。

点菜员也可根据各类客人不同的就餐目的为其提供建议，具体如图3-7所示。

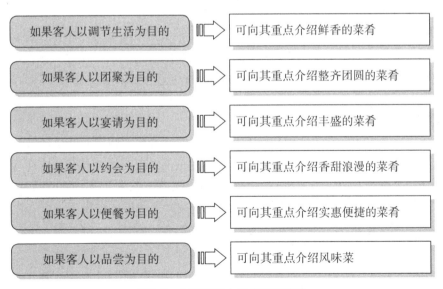

如果客人以调节生活为目的	⇒	可向其重点介绍鲜香的菜肴
如果客人以团聚为目的	⇒	可向其重点介绍整齐团圆的菜肴
如果客人以宴请为目的	⇒	可向其重点介绍丰盛的菜肴
如果客人以约会为目的	⇒	可向其重点介绍香甜浪漫的菜肴
如果客人以便餐为目的	⇒	可向其重点介绍实惠便捷的菜肴
如果客人以品尝为目的	⇒	可向其重点介绍风味菜

图3-7 为不同客人提供不同建议

此外，点菜员要尊重客人的饮食习惯和口味特点，尽量满足他们的各种需求。在等待客人点菜时，点菜员要集中注意力，随时准备记录。对于客人点的菜和饮料等，点菜员要认真记录，不能出现差错。

礼仪六：事事周到，注重"四勤"

餐厅服务员要想做到周到服务、礼貌服务，就要注意"四勤"，即嘴勤、眼勤、手勤、腿勤，并把它们进一步具体化，运用到实际的服务工作中去。

1. 嘴勤

嘴勤是指服务员热情有礼貌，问好的语句不离口，对客人有问必答，不厌其烦。

案例

在某餐厅的晚餐时间，几位客人落座之后开始点菜，他们不时地向服务员征询意见，结果服务员讲解了半天，客人们一个菜都没点，还在问这问那。这时服务员说："几位是初次来本餐厅吧，对这里的菜肴特色也许还不大了解，请不要着急，慢慢挑选。"

终于，几位客人点好了菜，但是还没等服务员转身离开，客人们又改变了主意，要求换几个菜。这回，客人们自己都不好意思了，服务员仍然微笑着说："没关系，为您们提供满意的服务是我们的责任和义务。"

这位服务员的耐心和热情，使几位客人深受感动。

2. 眼勤

眼勤是指有眼力，善于细心观察并发现问题。例如，客人在吃饭的过程中，忽然将身体往椅背上一靠，眼睛向四处看，或是举起了手，服务员就应该明白，客人有服务的需求，这时服务员应该立即走过去，稍微弯下身，仔细倾听客人的要求。

3. 手勤

手勤是指操作娴熟，干脆利索，不拖泥带水，将需要办的事情做好。例如，服务员看到餐厅内物品放置零乱，就随手整理好；看到送餐车挡道，就随手把它推到合适的地方，而不是"眼不见为净"或觉得不是分内的事就袖手旁观。

4. 腿勤

腿勤就是要经常在自己的工作区域走动，以便及时发现问题，并做出相应的处理。

如果菜肴不能及时送上，有的儿童就会因不耐烦而东抓西摸，甚至离座在餐桌周围乃至整个餐厅跑来跑去，服务员发现后，应尽快送上菜肴，或为儿童提供一些特别的项目，如发放小画册、小玩具等物品，以便稳定儿童的情绪，避免发生意外。

礼仪七：练就优美文雅的站姿

正确的站姿能够帮助人们调整呼吸，改善血液循环，减轻身体疲劳。餐厅服务人员大多是站立服务的，更要注意站姿。

1.站姿的基本要求

服务员站姿的基本要求如图3-8所示。

要求一	站立是餐厅服务人员的基本功。站立时,身体要端正、挺胸、收腹、眼睛平视,嘴微闭,面带微笑,双臂自然下垂或在身体前交叉,右手放在左手上,以保持随时可以提供服务的姿态
要求二	肩膀要平直,不许耸肩歪脑。双手不可叉在腰间,不可放在身后,更不可抱在胸前
要求三	站立时,身体不能东倒西歪,不可坐在桌子上或靠在椅背上。站累了双脚可暂作"稍息"状,但上身仍须保持正直,其要求是将身体重心偏移到左脚或右脚上,另一条腿稍微向前屈,使脚部肌肉放松
要求四	站立时应留意周围同事的招呼合作。另外,站立时要注意顾客,但不可"眼睁睁"地盯着,应灵活些
要求五	女服务员站立时,双脚应呈"V"字形,脚尖张开度为50度左右,膝盖和脚后跟要靠紧,不能双脚叉开
要求六	男服务员站立时,可双脚并拢,也可双脚叉开。叉开时,双脚应与肩同宽。身体不能东倒西歪,站累时脚可以向后或向前撤半步,但上身仍需保持正直,不可把脚向前或向后伸得太多,右手放在左手上,双手放前放后均可

站姿

图3-8 服务员站姿的基本要求

2.错误站姿

对餐厅服务人员来说,最忌讳的站姿如图3-9所示。

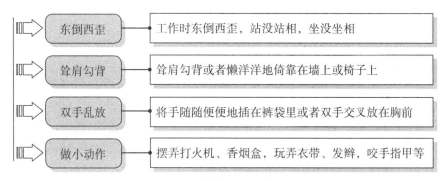

图3-9 餐厅服务人员的错误站姿

3.站立服务姿态

为顾客服务时，每位服务人员都要注意，应正面对着顾客，而不应背对顾客。这一条原则，同样适用于坐姿。背对顾客是不礼貌的。

4.练习站立姿势

将身体背靠墙站好，使自己的后脑勺、肩、臀部及足跟均能与墙壁紧密接触，这说明你的站立姿势是正确的，若无法接触，那就是你的站立姿势不正确。

礼仪八：保持稳重端庄坐姿

餐厅服务人员大多数时间都是站着的，但是有时可能也会坐，因此需要掌握坐姿的礼仪规范。

1.正确坐姿

正确的坐姿体现了对对方的恭敬和尊重，是人们必备的礼仪。但怎样坐才算是正确的坐姿呢？

（1）刚落座时要先把双脚跟并拢，也可把右脚尖向前斜出，显得比较悠闲，不至于呆板，这样可以保持身段均衡的自然美。

（2）将左腿跷在右腿上，这样可以给人一种大方高贵的感觉。但是不宜跷得过高，否则会有失风度，也不能把足尖跷起。

2.注意事项

（1）入座时要轻稳。服务员先走到座位前，再从左边慢慢坐下，动作要轻而稳。

（2）女服务员入座后要把裙子理好。女士入座要娴雅，用手把裙子向前拢一下，再坐下，入座后把右脚与左脚并齐。

（3）不要坐满椅子。无论坐在椅子或沙发上，最好不要坐满，一般只坐满椅子的1/2或2/3。

（4）两膝盖不要分太开。男士坐下可膝盖分开，女士坐下则双膝并拢。但无论男女，无论何种坐姿，都切忌两膝盖分得太开，两脚呈八字形，这一点对女性尤为不雅。女性可以采取小腿交叉的坐姿，但不可向前直伸。切忌将小腿架到另一条大腿上，或将一条腿搁在椅子上，这是很粗俗的。

（5）切忌脚尖朝天。最好不要随意跷二郎腿，因为东南亚一些国家忌讳坐着跷二郎腿。

小提示

注意不要坐在椅子边上。在餐桌上，注意膝盖不要顶着桌子，更不要使双脚高于桌面。站立的时候，右脚先向后收半步，然后站起，向前走一步，再转身走出房间。

（6）不可抖脚。坐着时，腿部不可上下抖动或左右摇晃。在社交过程中，腿部动作经常不自觉地露出人的潜在意识，如小幅度地抖动腿部，频繁地交换架腿的姿势，用脚尖或脚跟拍打地面，脚踝紧紧交叠等动作，都是人紧张不安、焦躁、不耐烦情绪的反映。

（7）交谈时应注意姿势。与人交谈时，不要将上身往前倾或用手支撑着下巴。

（8）坐下后应该安静。不可一会儿向东看，一会儿向西看。

（9）双手自然放好。双手可相交搁在大腿上，或自然地放在大腿上，也可轻搭在沙发扶手上，但手心应向下，手不要乱动。

（10）不雅观的坐姿。坐在椅子上前俯后仰，或把脚架在椅子上或沙发扶手、茶几上，都是极不雅观的。

（11）可侧坐。端坐时间过长，会使人感觉疲劳，这时可变换为侧坐。坐的时间长了想靠在沙发背上也是可以的，但不可把脚一伸，半躺半坐，更不可歪歪斜斜地躺在沙发上。

礼仪九：形成自然轻快走姿

1.正确走姿

正确的走姿是脚正对前方所形成的直线，脚跟要落在这条直线上，上体正直、抬头、平视、微笑，双臂自然地前后摆动，肩部放松，步伐轻而稳。

2.注意事项

行走时应注意以下事项，具体如图3-10所示。

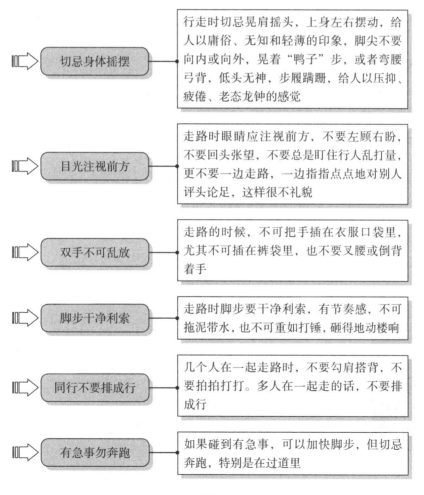

切忌身体摇摆	→	行走时切忌晃肩摇头，上身左右摆动，给人以庸俗、无知和轻薄的印象，脚尖不要向内或向外，晃着"鸭子"步，或者弯腰弓背，低头无神，步履蹒跚，给人以压抑、疲倦、老态龙钟的感觉
目光注视前方	→	走路时眼睛应注视前方，不要左顾右盼，不要回头张望，不要总是盯住行人乱打量，更不要一边走路，一边指指点点地对别人评头论足，这样很不礼貌
双手不可乱放	→	走路的时候，不可把手插在衣服口袋里，尤其不可插在裤袋里，也不要叉腰或倒背着手
脚步干净利索	→	走路时脚步要干净利索，有节奏感，不可拖泥带水，也不可重如打锤，砸得地动楼响
同行不要排成行	→	几个人在一起走路时，不要勾肩搭背，不要拍拍打打。多人在一起走的话，不要排成行
有急事勿奔跑	→	如果碰到有急事，可以加快脚步，但切忌奔跑，特别是在过道里

图3-10

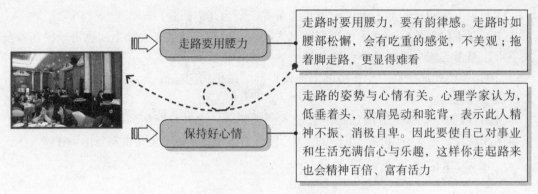

走路要用腰力 ▶ 走路时要用腰力，要有韵律感。走路时如腰部松懈，会有吃重的感觉，不美观；拖着脚走路，更显得难看

保持好心情 ▶ 走路的姿势与心情有关。心理学家认为，低垂着头，双肩晃动和驼背，表示此人精神不振、消极自卑。因此要使自己对事业和生活充满信心与乐趣，这样你走起路来也会精神百倍、富有活力

图3-10　行走时的注意事项

小提示

　　走路的美感产生于下肢的频繁运动与上身稳定之间所形成的对比与和谐，以及身体的平衡对称。要做到出脚和落地时脚尖都正对前方，抬头挺胸，迈步向前。女性穿着裙子时要走成一条直线，使裙子下摆与脚的动作显出优美的韵律感。

3.走姿练习

　　练习走姿时可以采用头顶书本走路的方法。这种方法对于走路时喜欢低头或头部歪向一方，以及肩膀习惯前后晃动的人，是一种很好的矫正手段。

礼仪十：蹲姿应注意仪态

　　在日常生活中，人们对掉在地上的东西，一般是习惯弯腰或蹲下将其捡起，而餐厅服务人员对掉在地上的东西，如果也像普通人一样采用一般的随意弯腰蹲下捡起的姿势是不合适的。

1.正确的蹲姿

　　女性的正确蹲姿如图3-11所示。

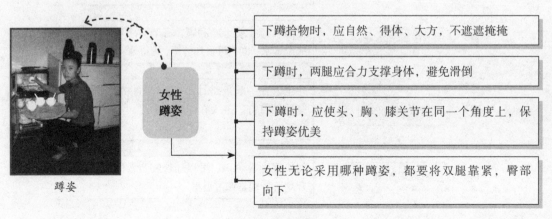

蹲姿

女性蹲姿

下蹲拾物时，应自然、得体、大方，不遮遮掩掩

下蹲时，两腿应合力支撑身体，避免滑倒

下蹲时，应使头、胸、膝关节在同一个角度上，保持蹲姿优美

女性无论采用哪种蹲姿，都要将双腿靠紧，臀部向下

图3-11　女性蹲姿

2.交叉式蹲姿

在实际生活中常常会用到各种蹲姿，女性可采用交叉式蹲姿，下蹲时右脚在前，左脚在后，右小腿垂直于地面，全脚着地。左膝由后面伸向右侧，左脚跟抬起，前脚掌着地。两腿靠紧，合力支撑身体。臀部向下，上身稍向前倾。

3.高低式蹲姿

下蹲时右脚在前，左脚稍后，两腿靠紧向下蹲。右脚全脚着地，小腿基本垂直于地面，左脚脚跟提起，前脚掌着地。左膝低于右膝，左膝内侧靠于右小腿内侧，形成右膝高、左膝低的姿态，臀部向下，基本上以左腿支撑身体。

> **小提示**
>
> 服务员弯腰捡拾物品时，如果两腿叉开，臀部向后撅起，是不雅观的姿态。

礼仪十一：手势应高雅得体

1.直臂式

直臂式手势主要用于为客人指引方向，将手抬至胸部高度，四指伸直并拢，掌心向上，以肘关节为轴，朝特定方向指示，身体应侧向客人，目光兼顾客人和所指方向，直到客人清楚时方可放下手臂。如图3-12所示。

图3-12　直臂式

2.横摆式

横摆式手势主要用于迎宾，五指并拢，掌心斜向上45度，手与前臂呈一条直线，手从腹部抬起向右摆动，以肘关节为轴，肘关节不可呈直角，也不要完全伸直，不能将手臂摆在体侧或身后，左手下垂，同时脚呈丁字状，面带微笑，目视客人。

3.曲臂式

曲臂式手势多用于迎客到房门口时，右手五指并拢，从身体侧前方，从上向下伸出手臂，上臂离身体45度左右，以肘为轴，手臂由身侧向左摆动，呈曲臂式，脚呈丁字状。

4.斜式

斜式手势用于请客入座，手臂向前抬起，以肘关节为轴，前臂由上向下，使手臂呈向下斜线，指向椅子，双手扶椅背向后拉，轻拖轻拿，不可拍客人的肩。

礼仪十二：与客人交谈的仪态

餐厅服务员在与客人交谈时，一定要克服各种不良习惯，以免引起客人的不悦或不满。

（1）不要总是摸后脑勺。与客人交谈时，如果服务员总是下意识地挠一挠后脑勺，这容易被对方认为你不成熟，没有社会经验。

（2）与客人交谈时，服务员总拿点什么东西摆弄着，这种习惯很不好，是对对方不尊重的表现。

（3）不要有轻浮动作。讲话时总喜欢拍对方一下，这种轻浮的动作，对方是很反感的。

（4）不要有小动作。有些人无论是坐着、站着或者与人交谈，不知不觉地总喜欢用手挖鼻孔或挖耳朵，或揉一揉鼻子，也就是常说的一种习惯性的小动作。服务员应当想办法克服这些小动作。

小提示

服务员与客人交谈时一定要养成良好的习惯，举止大方，并与对方保持适当的距离。

（5）不要忽视交谈时的距离。餐厅服务员在与客人交谈时要保持一定的距离。如果与客人离得过远，会使对方误认为服务员不愿向他表示友好和亲近，甚至是厌恶他；相反，凑得过近，违反了社交中正常的距离，又会显得很不礼貌。

（6）有些餐厅服务员讲话时不看客人，不管对方喜欢不喜欢听，只顾自己一个劲地在那儿说，就像打机关枪似的不给对方插话的机会，这样做很不好。

（7）有些餐厅服务员与客人交谈时，总感觉对方讲话慢，没有把话说到点子上，于是经常插上几句，这样就容易打乱客人的思路，引起对方的反感。

（8）如果双方交谈的问题较为复杂，各自都有一定的想法时，餐厅服务员一定要听完客人的话后再说话，千万不要只听开头，就匆忙解释对方提出的问题；即使对客人提的问题比较了解，也要等对方把话说完，这是与客人交谈中的一种礼貌。

第二节　餐厅员工礼节规范

服务质量的好坏，最重要的是表现在服务的礼貌礼节中。餐饮服务中常见的礼节有问候礼、称呼礼、应答礼、操作礼、迎送礼、宴会礼、鞠躬礼和致意礼等。

礼节一：问候礼

问候礼是服务员对客人进店时的一种接待礼节，以问候、祝贺性语言为主，问候礼分以下几种不同的问候。

1.初次见面的问候

客人刚刚进入餐厅时，与客人初次见面，服务员应说"先生（小姐），您好（或欢迎光临），我是××号服务员（我是小×），很高兴能为您服务"。

2.时间性问候

与客人见面时，要根据早、中、晚的大概时间问候"早上好""中午好""下午好"等。

3.对不同类型客人的问候

到餐厅用餐的客人类型很多，服务员要对不同类型的客人有区别地进行问候，例如，对过生日的客人说"祝您生日快乐"，对新婚的客人说"祝您新婚愉快"等。

4.节日性问候

节日性问候一般用在节日前或节日后不久，如春节、元旦（新年）、国庆节等，应问候客人"节日快乐""新年好"等。

5.其他问候

当客人身体欠佳或客人醉酒、发怒时都应对客人表示关心。

礼节二：称呼礼

称呼礼是指服务员在日常服务中和客人打交道时所用的称谓。称呼要切合实际，如果称呼错了，不但会使客人不高兴，甚至会产生笑话和引起误会。

1.一般习惯性称呼

在称呼客人时，一般称男子为"先生"，未婚女子为"小姐"，已婚女子称"女士"，对不了解婚姻状况的女子统称"小姐"，戴结婚戒指和年龄稍大的可称"女士"。

2.按职务称呼

服务员如果知道客人的职务则要称呼其职务，如王局长、李主任等。如图3-13所示。

图3-13 服务员可称呼客人职务

礼节三：应答礼

应答礼是指服务员同客人交谈时的礼节。

（1）解答客人问题时，服务员必须保持良好的站姿，不背靠他物，讲话语气温和，有耐心，双目注视对方，集中精神倾听，以示尊重。

（2）对客人的赞扬、批评、指教、抱怨，服务员都必须有恰当的语言回答，不能置之不理，否则就是一种不礼貌的行为。

（3）服务员在为客人处理服务上的问题时，语气要婉转，如客人提出的某些问题超越了自己的权限，应及时请示上级及有关部门，不能说一些否定语，如"不行""不可以""不知道""没有办法"等，应回答："对不起，我没有这个权限，我去请示一下领导，您看行吗？"

礼节四：操作礼

操作礼是指服务员在日常工作中的礼节。服务员的操作，在很多情况下是与客人在同一场合、同一时间进行的，服务员既要做好服务工作又不失礼，就必须注意以下两点。

（1）服务员在日常工作中要着装整洁，注意仪表，举止大方，态度和蔼，在工作时间不大声喧哗，不开玩笑，不哼小曲，要保持安静。在进入客人房间之前要敲门，敲门时不能猛敲，要用手指关节处有节奏地轻敲，在获得客人同意后再进去，开门、关门时动作要轻，不要发出太大的响声。

（2）操作时，如影响到客人，服务员应表示歉意，说："对不起，打扰一下。"或"对不起，请让一下好吗？"等。

礼节五：迎送礼

迎送礼是指服务员迎送客人时的礼节。

（1）客人来店时，服务员要主动向客人问好，笑脸相迎，在此过程中，要按"先主宾后随员，先女宾后男宾"的顺序进行引导，对老弱病残客人要主动搀扶。

（2）客人用餐完毕离开时，服务员应向客人逐一道别，使客人带着温馨、满意而归，迎送礼要求热情得体、不愠不火。

礼节六：宴会礼

不论何种宴席，餐饮服务员都要懂得一般的礼节，在为宴会提供服务的过程中，按一套规定的礼节去操作，如斟酒、上菜必须按一定的顺序，摆放菜品时要遵循一定的规则，席间服务需依据酒宴主题，符合当地的风俗习惯等。如图3-14所示。

礼节七：鞠躬礼

鞠躬礼一般是指晚辈对长辈、下级对上级以及初次见面的朋友之间的礼节。行鞠躬礼时必须先摘下帽子，手垂后，用立正姿势，两眼注视受礼者，身体上部前倾50度左右，而后恢复原来的姿势。

图 3-14　注意宴会礼节

礼节八：致意礼

点头致意在一般情况下是同级或平辈之间的礼节，在日常工作中，同一位服务员与客人多次见面时，在问候客人"您好"的同时，还须点头微笑致意。

第三节　餐厅服务用语

用语一：问候语

（1）"先生（小姐）您好！欢迎光临！"

（2）"中午（晚上）好，欢迎光临！"

（3）"欢迎您来这里进餐！"

（4）"欢迎您！一共几位？请这里坐。"

（5）"请问先生（小姐）有预订吗？是几号房间（几号桌）？"

（6）"请跟我来。"

（7）"请这边走。"

用语二：征询语

（1）"先生（小姐），您坐这里可以吗？"

（2）"请问先生（小姐），现在可以点菜了吗？"

（3）"这是菜单，请您看看。"

（4）"请问先生（小姐）喜欢用点什么酒水（饮料）？我们这里有……"

（5）"对不起，我没听清您的话，您再说一遍好吗？"

（6）"请问先生（小姐）喜欢吃点什么？我们今天新推出……（我们的特色菜有……）"

（7）"请问，先生还需要点什么？"

（8）"您用些……好吗？"

（9）"请问先生现在可以上菜了吗？"

（10）"请问先生，我把这个菜换成小盘可以吗？"或者"请问，可以撤掉这个盘子吗？"

（11）"请问先生，可以上一个水果拼盘吗？我们这里的水果有……"

（12）"您吃得好吗？"

（13）"您觉得满意吗？"

（14）"您还有别的事吗？"

（15）"现在可以为您结账吗？"

用语三：感谢语

（1）"感谢您的意见（建议），我们一定改正。"

（2）"谢谢您的帮助。"

（3）"谢谢您的光临！"

（4）"谢谢您的提醒。"

（5）"谢谢您的鼓励，我们会继续努力。"

 案例

> 一位客人在用餐时，不小心将筷子掉在地上了。这位客人把筷子从地上捡起来随便一擦，又准备继续"战斗"。这时值台服务员眼疾手快，马上将一双干净筷子递到客人面前，并说"对不起，请用这一双，谢谢合作！"客人大为感动，离开餐厅之前，特意找到经理夸奖这位服务员说："你们的服务员反应迅速，她帮助了我还要感谢我，真是训练有素！希望餐厅给予奖励。"

用语四：道歉语

（1）"真对不起，这个菜需要点儿时间，请您多等一会儿好吗？"

（2）"对不起，让您久等了，这是××菜。"

（3）"真是抱歉，耽误了您很长时间。"

（4）"对不起，这个菜品刚刚卖完，××菜和它的配料基本相似。"

（5）"对不起，我把您的菜上错了。"

（6）"实在对不起，我们重新为您做一下好吗？"

（7）"对不起，请稍等，马上就好！"

（8）"对不起，打扰一下。"

（9）"实在对不起，弄脏您的衣服了，让我拿去洗好吗？"

 案例

> 一家餐厅的包间内有一对情侣正在里面用餐。菜上得差不多了，客人就对服务员说："这里你就别管了，你把门关上，有事你再进来！"于是服务员出去站在包间外，过了一会儿传菜员端汤来了，服务员接过来就往包间里送，没敲门就闯了进去。

哪知这时客人恰好正在亲昵，服务员于是说了一句"不好意思！"这一下惹怒了客人，客人大声说："什么不好意思，我们是正常的，你不敲门进来才不好意思。"其实，如果服务员说一声："实在对不起，打搅了！"把汤放在桌上，然后迅速离开，就不会让客人那样愤怒了。

用语五：应答语

（1）"好的，我会通知厨房，按您的要求去做。"
（2）"好的，我马上就去。"
（3）"好的，我马上安排。"
（4）"是的，我是服务员，非常乐意为您服务。"
（5）"谢谢您的好意，我们是不收小费的。"
（6）"没关系，这是我应该做的。"
（7）"我明白了。"

用语六：祝福语

（1）"祝您用餐愉快。"
（2）"新年好""新年快乐""圣诞快乐""节日快乐！"
（3）"祝您新婚愉快。"
（4）"祝您早日康复。"
（5）"祝您生日快乐。"
（6）"祝您心情愉快。"

用语七：送别语

（1）"先生（小姐）慢走，欢迎下次光临。"
（2）"先生（小姐）再见。"
（3）"请慢走。"

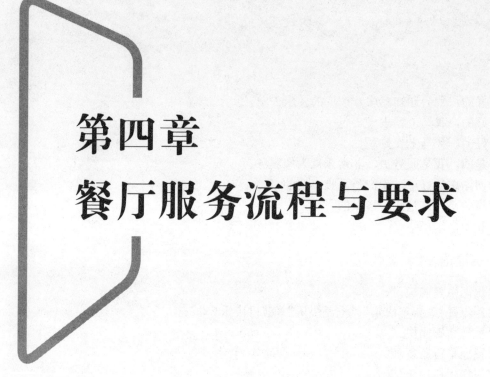

第四章
餐厅服务流程与要求

第一节　餐厅服务

服务一：电话预订

电话预订服务流程如图4-1所示。

图4-1　电话预订服务流程

1. 接听电话

预订员在接听电话时应注意四点内容，具体如图4-2所示。

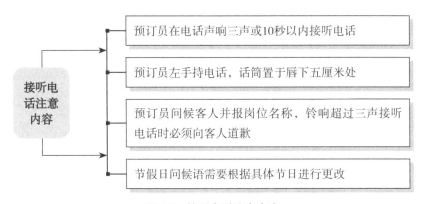

图4-2　接听电话注意内容

2. 了解信息

仔细聆听客人要求，了解客人的身份、用餐时间、宴请对象、人数、台数及其他要求。如图4-3所示。

3. 推荐

预订员在向客人进行推荐时，应注意两点内容，具体如图4-4所示。

4. 登记

预订员在登记客人信息时，应注意两点内容，具体如图4-5所示。

图4-3　聆听客人要求

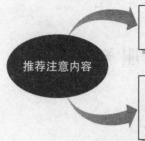

图4-4 推荐注意内容

图4-5 登记注意内容

5.复述

预订员重复预订细节，并告知客人预订员姓氏。

6.致谢

预订员对客人表示感谢。

7.挂电话

待客人挂断电话后，预订员才可轻轻挂断电话。

服务二：来客预订

来客预订服务流程如图4-6所示。

图4-6 来客预订服务流程

1.问候

预订员热情问候客人，询问客人是否订餐。

2.茶水服务

预订员向客人提供茶水，并及时续杯。

3.了解信息

预订员在了解客人信息时应注意三点内容，具体如图4-7所示。

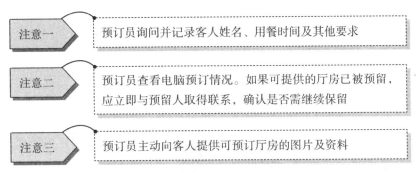

图4-7　了解信息注意内容

4.介绍

预订员向客人做介绍时，应注意三点内容，具体如图4-8所示。

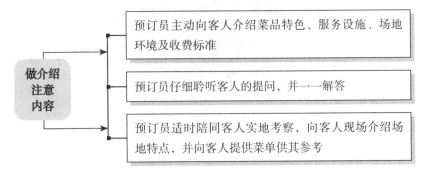

图4-8　做介绍注意内容

5.受理

预订员受理预订应注意三点内容，具体如图4-9所示。

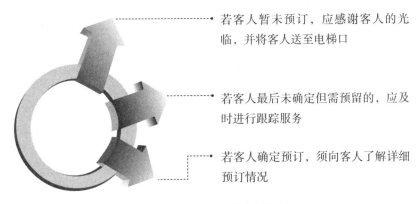

图4-9　受理预订的注意内容

6.复述

预订员复述预订信息，并请客人确认。

7.签订协议

预订员根据情况与客人签订预订协议，请其仔细检查协议内容后签名确认，并引领客人至收银处交付预订金。

8.致谢

预订员向客人表示感谢，并送客人离开大堂。

9.录入

预订员将预订信息和预付金单据号码录入电脑。如图4-10所示做好信息录入工作。

图4-10　做好信息录入工作

10.传达信息

预订员传达预订信息时应注意两点内容，具体如图4-11所示。

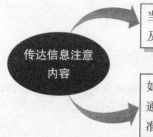

传达信息注意内容

当日当餐预订应在两分钟内通知相关餐厅及厨房做好接待准备

如非当餐预订，预订员应使用"预订单"通知相应餐厅、厨房管理人员做好接待准备

图4-11　传达信息注意内容

服务三：零点摆台

零点摆台工作流程如图4-12所示。

1.铺台布

服务员铺台布时应注意四点内容，具体如图4-13所示。

2.铺台裙

先将台布铺好，再沿顺时针方向用针、胶带固定台布，台布的折褶要均匀平整，用针时针尖向内，防止对客人造成伤害。

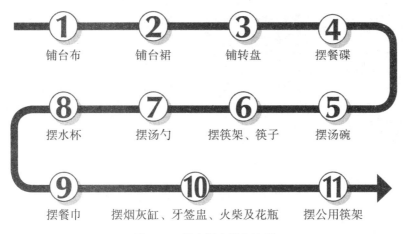

图4-12 零点摆台服务流程

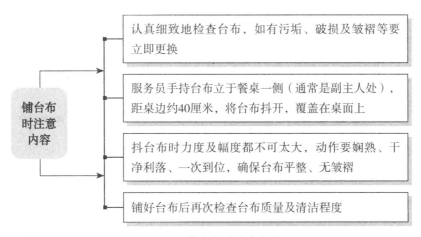

图4-13 铺台布时注意内容

3.铺转盘

先将转盘和玻璃台面用双手放在转台上，轻轻转动，检查其是否灵活。

4.摆餐碟

将餐碟摆在每位客人所对台面的正中，距桌边约两厘米（以大拇指指尖第一关节的长度为准）。如图4-14所示。

5.摆汤碗

摆在餐碟左侧稍上一些，与碟间距1厘米。

6.摆筷架、筷子

筷架摆在餐碟右侧，与汤碗呈一条直线，与餐碟间距1厘米，筷子尾部距桌边约1厘米。如图4-15所示。

7.摆汤勺

将汤勺摆在汤碗内，勺把朝右。

图4-14 摆餐碟

图4-15 摆放筷架、筷子

8.摆水杯

将水杯摆在餐碟上方，间距约为1厘米。

9.摆餐巾

将杯花插入杯中，盘花置于餐碟上。

10.摆烟灰缸、牙签盅、火柴及花瓶

将烟灰缸、牙签盅、调料架、火柴及花瓶摆在台面固定位置上，一般摆在台布中线附近。

11.摆公用筷架

八人以上的台面应摆放公用筷架，供主人为客人布菜和其他人取菜用。公筷、公勺放在公用筷架上，筷架摆在个人用餐具的上方或转台上。

服务四：迎宾领位服务

迎宾领位服务流程如图4-16所示。

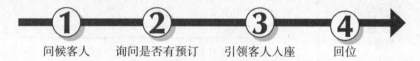

①	②	③	④
问候客人	询问是否有预订	引领客人入座	回位

图4-16 迎宾领位服务流程

1.问候客人

见客人前来，迎宾员应面带微笑地主动招呼："您好，欢迎光临。"若为老顾客，则应以姓氏称呼，以示尊重。如图4-17所示。

图4-17 及时问候客人

小提示

顾客一出现，迎宾员须面带微笑地主动欢迎。

2.询问是否有预订

迎宾员询问客人是否有预订时应注意四点内容，具体如图4-18所示。

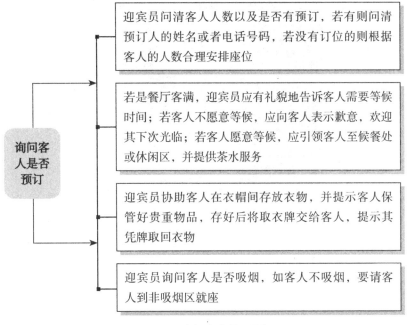

图4-18　询问客人是否预订

3.引领客人入座

迎宾员引领客人入座时应注意四点内容，具体如图4-19所示。

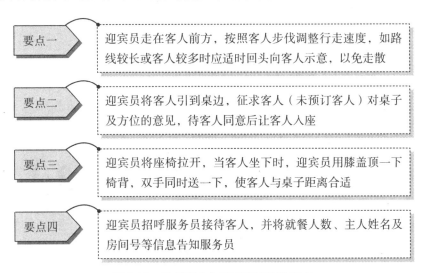

图4-19　引领客人入座时应注意的要点

4.回位

迎宾员与服务员交接完毕后，回到餐厅正门继续迎宾。如图4-20所示时刻做好迎宾准备。

图4-20　时刻做好迎宾准备

服务五：茶水服务

茶水服务流程如图4-21所示。

图4-21　茶水服务流程

1.准备工作

服务员在提供茶水服务前要做好三件事，具体如图4-22所示。

| 服务员在开餐前准备好各种茶叶 | 准备充足、干净、无破损的茶壶 | 将保温壶内注满开水 |

图4-22　茶水服务前的准备工作

2.点茶服务

服务员为客人冲茶应该注意四点内容，具体如图4-23所示。

3.斟茶

服务员为客人斟茶时应注意三点内容，具体如图4-24所示。

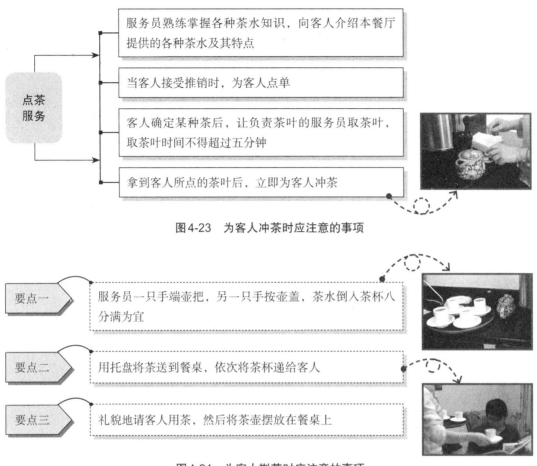

图4-23　为客人冲茶时应注意的事项

图4-24　为客人斟茶时应注意的事项

4. 加水

（1）当茶壶内的水只剩下1/3时，要及时为客人添加开水。

（2）如发现茶水淡了，要主动询问客人是否需要更换茶叶，如客人同意则立即更换。

服务六：点菜服务

点菜服务流程如图4-25所示。

图4-25　点菜服务流程

1. 递上菜单

点菜员将菜单打开，按照"女士优先"的原则，用双手从客人右侧将菜单送至客人手中，然后站在客人斜后方等候客人点菜。

2.推荐介绍菜品

服务员向客人推荐介绍菜品时，应注意三点内容，具体如图4-26所示。

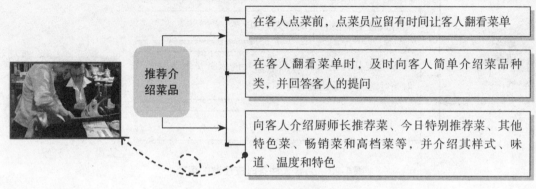

推荐介绍菜品

在客人点菜前，点菜员应留有时间让客人翻看菜单

在客人翻看菜单时，及时向客人简单介绍菜品种类，并回答客人的提问

向客人介绍厨师长推荐菜、今日特别推荐菜、其他特色菜、畅销菜和高档菜等，并介绍其样式、味道、温度和特色

图4-26　推荐介绍菜品

3.接受点菜

客人点菜时，点菜员应该注意五点事项，具体如图4-27所示。

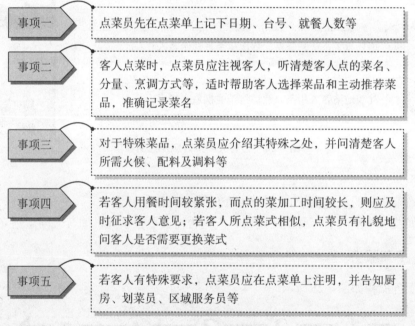

事项一　点菜员先在点菜单上记下日期、台号、就餐人数等

事项二　客人点菜时，点菜员应注视客人，听清楚客人点的菜名、分量、烹调方式等，适时帮助客人选择菜品和主动推荐菜品，准确记录菜名

事项三　对于特殊菜品，点菜员应介绍其特殊之处，并问清楚客人所需火候、配料及调料等

事项四　若客人用餐时间较紧张，而点的菜加工时间较长，则应及时征求客人意见；若客人所点菜式相似，点菜员有礼貌地问客人是否需要更换菜式

事项五　若客人有特殊要求，点菜员应在点菜单上注明，并告知厨房、划菜员、区域服务员等

图4-27　点菜时注意事项

4.复述点菜内容

（1）客人点菜完毕后，点菜员应清楚地重复一遍客人所点菜品，并请客人确认。

（2）复述完毕后，在点菜单右上角写明下单的时间（当地时间），以便查询。

（3）收回菜单并向客人致谢，同时请客人稍等，并说明大致的等候时间。

5.分送点菜单

使用旧式三联点菜单的餐饮企业，点菜员将点菜单的第一联送到收银台，将第二、第三联送到厨房，将第四联送给划菜员，将第五联送给区域服务员。

使用新式点菜单的餐饮企业一般将点菜单送给客户，以便促进二次销售。

图4-28和图4-29分别是旧式点菜单和新式点菜单。

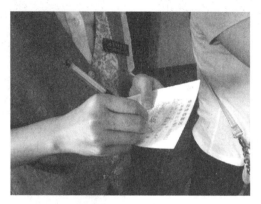

图4-28 旧式点菜单

图4-29 新式点菜单

服务七：二维码点菜

现在多数餐饮企业都开通了二维码点菜，二维码点餐系统可以提高点餐效率，减少了服务员用量，并且为餐饮企业积累粉丝。餐饮企业可以将二维码贴在餐桌上，如图4-30所示。

图4-30 餐饮企业将二维码贴在餐桌上

二维码点餐主要有以下几个步骤，具体如图4-31～图4-38所示。

图4-31　扫描二维码并确认登录

图4-32　开始点餐

图4-33　选择用餐人数

图4-34　按类别点餐

图4-35　查看购物车

图4-36　查看已下单的菜

图4-37　获取账单

图4-38　确认订单并支付

服务八：上菜

上菜服务流程如图4-39所示。

图4-39　上菜服务流程

1.准备

上菜前，服务员应做好两项准备工作，具体如图4-40所示。

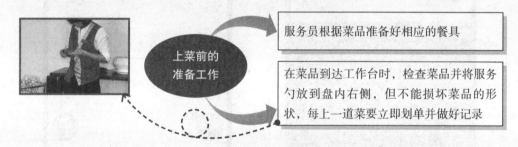

图4-40　上菜前的准备工作

2.上菜

服务员上菜应该注意三点事项，具体如图4-41所示。

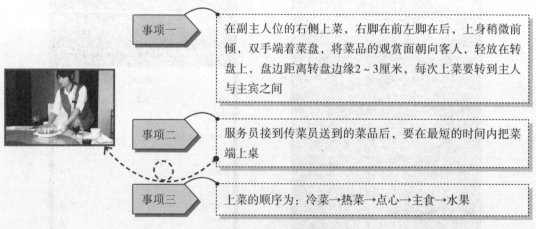

图4-41　上菜时注意内容

3.报菜名

上菜后，后退一步，右手五指并拢，打手势的同时报菜名，对主菜或特色菜进行简单介绍，如有典故可以向客人叙述。

4.摆放

两道菜摆成"一"字形，三道菜摆成"品"字型，四道菜摆成"口"字形，五道菜摆成"梅花"形，菜肴要均匀地放于转台上。

5.整理

每次上菜之前都要整理转台，及时将空盘撤下，保证有位置摆放菜盘，如果整理转台后还是没有多余的空隙上菜，征得客人同意后可将大盘换成小盘。如图4-42所示。

图4-42 整理转台

服务九：分鱼服务

分鱼服务流程如图4-43所示。

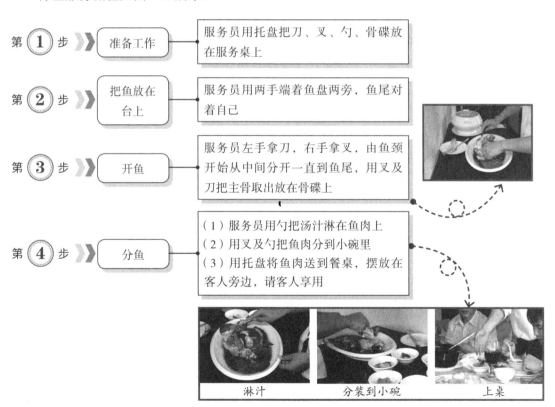

第 ① 步 准备工作 —— 服务员用托盘把刀、叉、勺、骨碟放在服务桌上

第 ② 步 把鱼放在台上 —— 服务员用两手端着鱼盘两旁，鱼尾对着自己

第 ③ 步 开鱼 —— 服务员左手拿刀，右手拿叉，由鱼颈开始从中间分开一直到鱼尾，用叉及刀把主骨取出放在骨碟上

第 ④ 步 分鱼 —— （1）服务员用勺把汤汁淋在鱼肉上
（2）用叉及勺把鱼肉分到小碗里
（3）用托盘将鱼肉送到餐桌，摆放在客人旁边，请客人享用

淋汁 　　 分装到小碗 　　 上桌

图4-43 分鱼服务流程

服务十：带骨、带壳和块状菜品服务

带骨、带壳和块状菜品服务流程如图4-44所示。

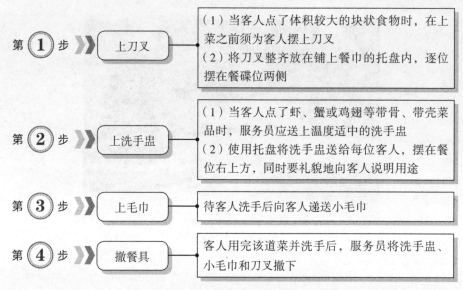

第①步 ➤➤ 上刀叉
（1）当客人点了体积较大的块状食物时，在上菜之前须为客人摆上刀叉
（2）将刀叉整齐放在铺上餐巾的托盘内，逐位摆在餐碟位两侧

第②步 ➤➤ 上洗手盅
（1）当客人点了虾、蟹或鸡翅等带骨、带壳菜品时，服务员应送上温度适中的洗手盅
（2）使用托盘将洗手盅送给每位客人，摆在餐位右上方，同时要礼貌地向客人说明用途

第③步 ➤➤ 上毛巾
待客人洗手后向客人递送小毛巾

第④步 ➤➤ 撤餐具
客人用完该道菜并洗手后，服务员将洗手盅、小毛巾和刀叉撤下

图4-44　带骨、带壳和块状菜品服务流程

服务十一：桌面分菜

桌面分菜服务内容如表4-1所示。

表4-1　桌面分菜服务内容

服务项目	具体内容
准备用具	（1）分鱼、禽类菜品时，准备一刀、一叉、一匙 （2）分炒菜时，准备匙、叉各一把或一双筷子、一把长柄匙
分菜	（1）由两名服务员配合操作，一名服务员分菜，另一名服务员为客人送菜 （2）分菜服务员站在副主人位右边，右手执叉、匙夹菜，左手执长柄匙接挡，以防菜汁滴落在桌面上 （3）另一名服务员把餐盘递给分菜服务员，待菜肴分好后将餐盘放回客人面前
上菜	上菜的顺序为：主宾→副主宾→主人，然后按顺时针方向分送

服务十二：服务桌分菜

服务桌分菜服务流程如图4-45所示。

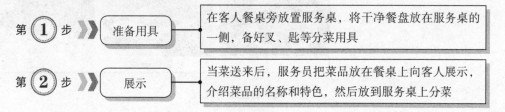

第①步 ➤➤ 准备用具
在客人餐桌旁放置服务桌，将干净餐盘放在服务桌的一侧，备好叉、匙等分菜用具

第②步 ➤➤ 展示
当菜送来后，服务员把菜品放在餐桌上向客人展示，介绍菜品的名称和特色，然后放到服务桌上分菜

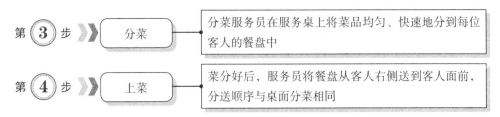

第 ③ 步 ▶▶ 分菜 | 分菜服务员在服务桌上将菜品均匀、快速地分到每位客人的餐盘中

第 ④ 步 ▶▶ 上菜 | 菜分好后，服务员将餐盘从客人右侧送到客人面前，分送顺序与桌面分菜相同

图4-45 服务桌分菜服务流程

服务十三：特殊菜肴分菜

特殊菜肴分菜服务如图4-46所示。

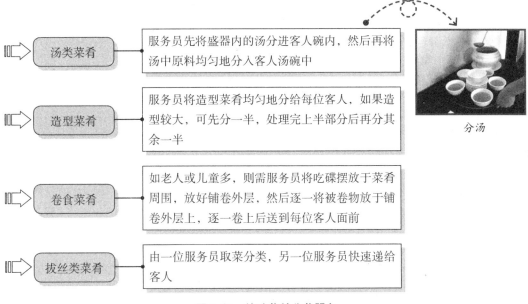

汤类菜肴 | 服务员先将盛器内的汤分进客人碗内，然后再将汤中原料均匀地分入客人汤碗中

造型菜肴 | 服务员将造型菜肴均匀地分给每位客人，如果造型较大，可先分一半，处理完上半部分后再分其余一半

分汤

卷食菜肴 | 如老人或儿童多，则需服务员将吃碟摆放于菜肴周围，放好铺卷外层，然后逐一将被卷物放于铺卷外层上，逐一卷上后送到每位客人面前

拔丝类菜肴 | 由一位服务员取菜分类，另一位服务员快速递给客人

图4-46 特殊菜肴分菜服务

第二节 订餐及送餐服务

工作一：订餐

接受订餐服务流程如图4-47所示。

① 了解当天供应食品　② 接受客人预订　③ 填写订单并做好记录

图4-47 接受订餐服务流程

1.了解当天供应食品

（1）订餐员每天定时了解当天供应食品情况。

（2）准确记录菜单上食品供应的变动情况，详细记录推荐食品的原料、配料、味道及制作方法。

（3）及时将食品信息通知到每位送餐服务员。

2.接受客人预订

（1）订餐员在电话铃响三声之内接听电话："您好，送餐部"。

（2）记下客人订餐的种类、数量及特殊要求，解答客人提问。

（3）主动向客人说明送餐服务项目，介绍当天推荐食品，描述食品的数量、原料、味道、辅助配料及制作方法。

（4）复述客人预订内容及要求，得到客人确认后，告知客人等候时间并致谢。

（5）待客人将电话挂断后方可放下听筒。

3.填写订单并做好记录

（1）订单一式三联：第一联送厨房，第二联送收款人员，第三联厅面留存。

（2）订餐员按照头盘、汤、主盘、甜食、咖啡和茶的顺序，将客人所订食品依次填写在订单上。

（3）若客人需要特殊食品或有特殊要求，需附文字说明，连同订单一同送往厨房，必要时须向厨房当面说明。

工作二：送餐准备

送餐准备工作如图4-48所示。

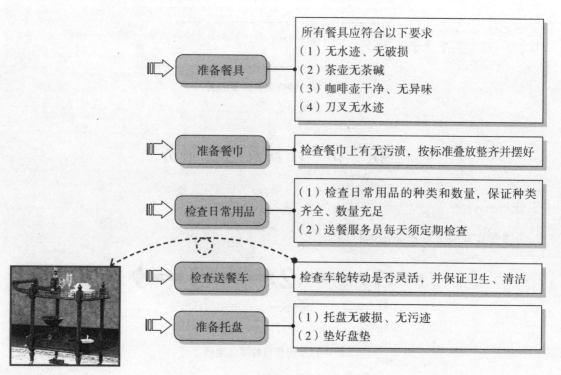

准备餐具 —— 所有餐具应符合以下要求
（1）无水迹、无破损
（2）茶壶无茶碱
（3）咖啡壶干净、无异味
（4）刀叉无水迹

准备餐巾 —— 检查餐巾上有无污渍，按标准叠放整齐并摆好

检查日常用品 —— （1）检查日常用品的种类和数量，保证种类齐全、数量充足
（2）送餐服务员每天须定期检查

检查送餐车 —— 检查车轮转动是否灵活，并保证卫生、清洁

准备托盘 —— （1）托盘无破损、无污迹
（2）垫好盘垫

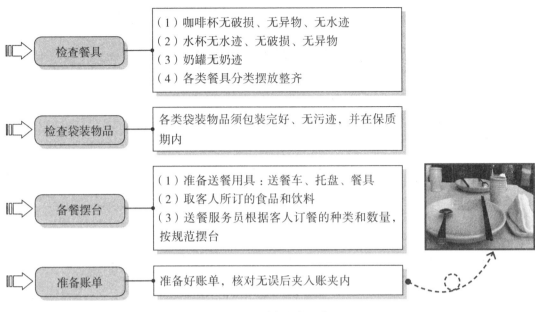

图4-48　送餐准备工作

工作三：送餐

送餐服务流程如表4-2所示。

表4-2　送餐服务流程

项目	内容
送餐	（1）服务员在送餐途中要保持送餐用具平稳，避免食品或饮品溢出 （2）最好加盖洁净盖布，以确保卫生 （3）核实客人房号，敲门三下，征得客人同意后再进入房间
服务	（1）询问客人用餐位置 （2）按照客人要求，依据订餐类型和相应规范提供服务
结账	（1）服务员双手持账单夹上端将账单递给客人，同时将笔递给客人 （2）待客人签完后，向客人致谢 （3）询问客人是否还有其他要求，若客人提出其他要求，尽量予以满足
道别	（1）请客人用餐 （2）退出房间
收餐	（1）服务员检查订餐记录本，确认房间号码 （2）早餐为30分钟后打电话收餐，午、晚餐为60分钟后打电话收餐 （3）服务员问候客人，询问客人是否用餐完毕、能否到房间收餐 （4）服务员收餐完毕后，即刻通知订餐员做好详细记录 （5）当客人不在房间时，请楼层服务员开门，及时将餐车、餐具等用具取出 （6）若客人在房间，收餐完毕后需询问客人是否还有其他要求，并礼貌道别

第三节 特殊客人服务

客人一：老年客人

为老年客人服务的流程如表4-3所示。

表4-3 为老年客人服务的流程

项目	内容
领位	当老年客人来就餐时，服务员应主动上前搀扶并将客人安排在靠边的位置，不要安排在过道的位置，有拐杖的要放好，以免绊倒他人
点菜	服务员要主动为客人介绍一些易消化、有营养、不辛辣的食品，并问清他们的口味
餐中服务	（1）服务员为客人斟倒各种饮料时不要太满，对他们提出的特殊要求要耐心地帮助解决 （2）尽量避免从老人身旁上菜，上菜时说明此菜的营养价值和特点 （3）注意提醒老人走路时防止地滑，上下楼梯时不要踩空，以防摔倒
餐毕	就餐完毕后应主动拉椅并且扶送客人离开

客人二：带儿童的客人

为带儿童的客人服务的流程如表4-4所示。

表4-4 为带儿童的客人服务的流程

项目	内容
安排座椅	（1）当客人带儿童用餐时，服务员应主动、及时地为客人提供儿童用餐所需的服务，以减少客人的麻烦 （2）服务员主动询问客人是否需要儿童椅，得到认可后应立即准备 （3）服务员备好儿童椅后，请客人将小孩放到椅子上，并放好儿童椅的挡板，注意尽量不要将带儿童的客人安排在临近过道的座位上
摆放餐具	按照儿童的年龄大小摆放餐具，4岁以下的儿童应提供专用的塑料儿童餐具，不要使用玻璃器皿
推荐适合的食品和饮料	（1）当客人点饮料时，服务员主动向客人推荐适合儿童口味的软饮料，并为儿童准备吸管 （2）客人点菜时，服务员主动向客人推荐一些适合儿童口味的菜肴或小点心 （3）不要为小朋友上热茶 （4）为客人分汤时，要为儿童准备一个小汤碗，放在儿童家长的右侧

客人三：残疾客人

为残疾客人服务的流程如表4-5所示。

表4-5　为残疾客人服务的流程

项目	内容
征求意见	当残疾客人前来就餐时，服务员应主动征求客人的意见，得到同意后方可上前搀扶客人，并将客人安排在靠边的餐位上，尽量不要安排在过道附近，有拐杖的要放好，以免绊倒他人
提供特殊、优质的服务	（1）服务员应给予残疾客人更多的照顾，但要掌握好时机和分寸，以免引起客人的不愉快。要小心地移开桌上的用品，帮助其选择菜肴，上菜或上饮料时要注意委婉提示 （2）尽量满足残疾客人提出的特殊要求

客人四：左手用餐的客人

为左手用餐的客人服务的流程如图4-49所示。

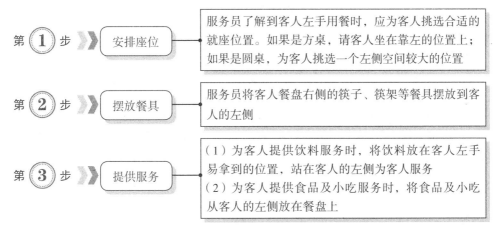

第①步	安排座位	服务员了解到客人左手用餐时，应为客人挑选合适的就座位置。如果是方桌，请客人坐在靠左的位置上；如果是圆桌，为客人挑选一个左侧空间较大的位置
第②步	摆放餐具	服务员将客人餐盘右侧的筷子、筷架等餐具摆放到客人的左侧
第③步	提供服务	（1）为客人提供饮料服务时，将饮料放在客人左手易拿到的位置，站在客人的左侧为客人服务 （2）为客人提供食品及小吃服务时，将食品及小吃从客人的左侧放在餐盘上

图4-49　为左手用餐的客人服务的流程

客人五：生病的客人

为生病的客人服务的流程如表4-6所示。

表4-6　为生病的客人服务的流程

项目	内容
了解情况	（1）当客人生病需要特殊食品时，服务员要礼貌地问清客人哪里不舒服、需要何种特殊服务，并尽量满足客人的要求 （2）如果察觉到客人身体不适，服务员需主动询问客人是否需要帮助
安排座位	（1）领位员将客人安排在餐厅门口的位置上，以便客人离开餐厅或去洗手间，但应向客人说明 （2）如果客人头痛或心脏不好，为客人安排相对较安静的座位
提供服务	（1）积极向客人推荐可口的饭菜，同厨房配合为客人提供稀饭、面食一类的食品 （2）如客人需要就医，向客人介绍附近的就医场所 （3）向客人提供白开水，以方便客人服药 （4）如遇突发病客人，服务员须保持冷静，及时报告上级领导，同时让病人坐在沙发上休息。如客人已休克，则不允许轻易挪动客人 （5）协助其亲属送客人离开餐厅去医院就医

客人六：有急事的客人

为有急事的客人服务的流程如表4-7所示

表4-7 为有急事的客人服务的流程

项目	内容
了解客人情况	（1）领位员了解到客人有急事时，应礼貌地问清客人最长用餐时间并立即告诉服务员加快上菜速度 （2）领位员将客人安排在靠近餐厅门口的地方，以方便客人及时离开餐厅
为客人提供快速服务	（1）待客人就座后，立即为客人订好饮料并取回饮料 （2）同时另一服务员立即为客人点菜，推荐制作和服务较为迅速的菜肴。如果客人已订等待时间较长的菜，服务员要向客人说明等待时间并询问客人能否接受 （3）客人点好菜后，服务员立即将订单送到厨房，通知传菜部和厨师客人情况及制作服务时限 （4）在客人要求的时间内，快速准确地把菜上齐 （5）在客人用餐过程中，服务员要不断关照客人，及时为客人添加饮料并撤空盘、换餐盘
为客人准备账单	（1）在客人用餐完结之前及时准备好账单 （2）在客人结账时，为匆忙中服务不周到向其表示歉意

客人七：衣冠不整的客人

为衣冠不整的客人服务的细则如表4-8所示。

表4-8 为衣冠不整的客人服务的细则

操作程序	操作细则
问候客人并告诉客人本餐厅对衣着的要求	（1）当衣冠不整的客人出现在餐厅门口时，领位员首先热情、礼貌地问候客人 （2）礼貌、有效地阻止客人进入餐厅 （3）用诚恳、礼貌的态度告诉客人本餐厅用餐时的衣着要求，婉转地告诉客人其衣着不合规定之处
向客人提出建议	（1）领位员建议客人更换衣服，并告诉客人餐厅将为其保留用餐座位 （2）如客人无法更换衣服时，建议客人换上餐厅为客人准备的长袖衫和长裤，并请客人等候，立即与制服室联系，请制服员送上与客人身材相符的衣服，此服务须在10分钟内完成 （3）如遇态度较为强硬的客人，应耐心向其解释本餐厅的规定，请客人理解
特殊情况处理	如客人来参加宴会又不愿穿上餐厅为其准备的衣服时，领位员可在征得宴会客人同意后请客人坐在比较靠里的座位，并劝其尽量减少走动

客人八：分单客人

为分单客人服务的细则如图4-9所示。

表4-9　为分单客人服务的细则

操作程序	操作细则
确定客人是否分单	（1）当两位以上的外国客人光临餐厅时，应用礼貌用语询问客人是否需要分单 （2）如客人需要分单时，询问其分单的形式并在上面记录分单情况写清分单顺序，记录客人所就座的位置
填写订单	（1）对照订单重新开具一张订单，并在订单上划分横线，以标明分单顺序，最后在订单的落款处注明"分单"字样 （2）将开好的订单交给收银员，并在每张账单的后面注明"A""B"或①、②以示区分 （3）将此台的分单顺序告诉领班及服务员
为客人添加饮品	（1）注意客人是否已喝完饮料，主动询问客人是否需要添加，将所添加饮料的费用及时记入由该客人分付的账目中 （2）仔细观察并牢记客人所坐的位置，避免由于座位记录有误而开错账单
结账	由开具原账单的服务员为客人结账

第四节　结账服务流程与标准

内容一：现金结账服务

现金结账服务流程如图4-50所示。

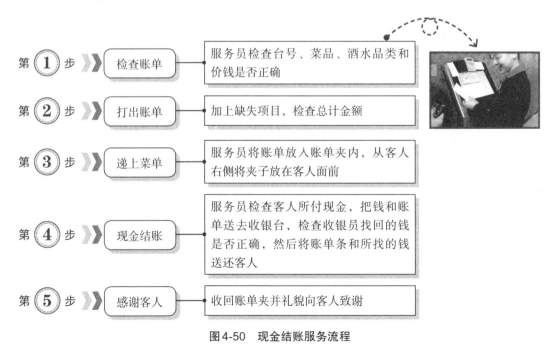

第 1 步 >> 检查账单 —— 服务员检查台号、菜品、酒水品类和价钱是否正确

第 2 步 >> 打出账单 —— 加上缺失项目，检查总计金额

第 3 步 >> 递上菜单 —— 服务员将账单放入账单夹内，从客人右侧将夹子放在客人面前

第 4 步 >> 现金结账 —— 服务员检查客人所付现金，把钱和账单送去收银台，检查收银员找回的钱是否正确，然后将账单条和所找的钱送还客人

第 5 步 >> 感谢客人 —— 收回账单夹并礼貌向客人致谢

图4-50　现金结账服务流程

知识二：信用卡结账服务

信用卡结账服务流程如图4-51所示。

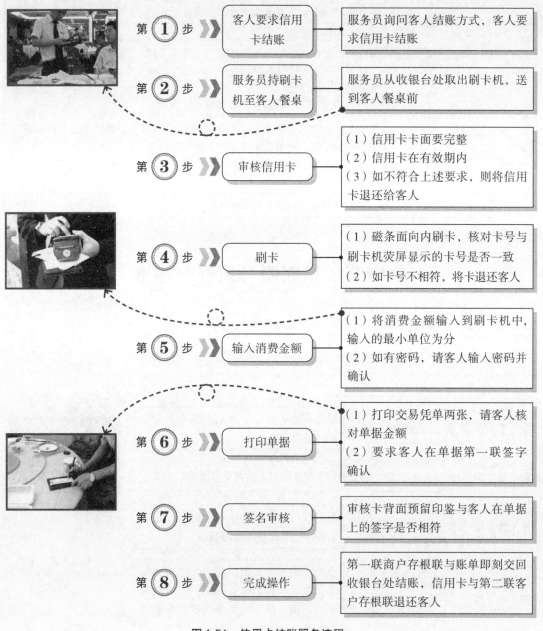

第①步 >> 客人要求信用卡结账 — 服务员询问客人结账方式，客人要求信用卡结账

第②步 >> 服务员持刷卡机至客人餐桌 — 服务员从收银台处取出刷卡机，送到客人餐桌前

第③步 >> 审核信用卡 —
（1）信用卡卡面要完整
（2）信用卡在有效期内
（3）如不符合上述要求，则将信用卡退还给客人

第④步 >> 刷卡 —
（1）磁条面向内刷卡，核对卡号与刷卡机荧屏显示的卡号是否一致
（2）如卡号不相符，将卡退还客人

第⑤步 >> 输入消费金额 —
（1）将消费金额输入到刷卡机中，输入的最小单位为分
（2）如有密码，请客人输入密码并确认

第⑥步 >> 打印单据 —
（1）打印交易凭单两张，请客人核对单据金额
（2）要求客人在单据第一联签字确认

第⑦步 >> 签名审核 — 审核卡背面预留印鉴与客人在单据上的签字是否相符

第⑧步 >> 完成操作 — 第一联商户存根联与账单即刻交回收银台处结账，信用卡与第二联客户存根联退还客人

图4-51　信用卡结账服务流程

内容三：支票结账服务

支票结账服务流程如表4-10所示。

表4-10　支票结账服务流程

项目	内容
客人要求支票结账	当客人要求支票结账时，服务员应请客人稍等
为客人取账单	服务员立即去收银台为客人取账单
与收银员核对账单	服务员告诉收银员所结账单的台号，并检查账单台号、人数、食品及饮品消费额是否正确
取回账单	将取回的账单放在账单夹内，从主人右侧将其递至主人面前，请主人检查，注意不要让其他客人看到账单
请客人出示证件	请客人出示身份证并注明联系电话及单位地址
结账记录	（1）收银员结完账并记录下证件号码、联系电话和单位地址后，服务员将账单第一联及支票存根核对后送还给客人，并真诚地感谢客人 （2）如客人使用密码支票，应请客人直接在支票密码栏中填写密码

内容四：抵用券结账服务

抵用券结账服务流程如图4-52所示。

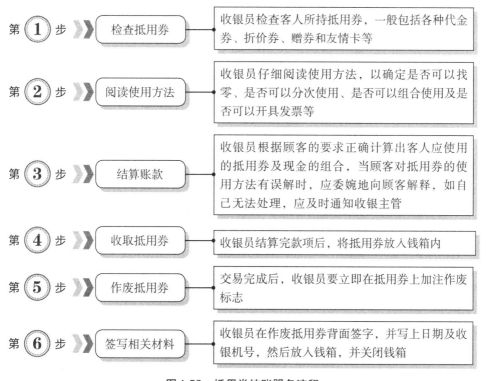

图4-52　抵用券结账服务流程

内容五：微信结账服务

微信支付主要有两种方式：刷卡支付和扫码支付。

1.刷卡支付

刷卡支付即用户打开微信钱包的收付款界面，餐饮企业扫码后完成支付，具体如图
4-53～图4-56所示。

图4-53　微信钱包

图4-54　付款界面

图4-55　输入密码确认支付

图4-56　支付成功

2.扫码支付

用户使用"扫一扫"扫描商户二维码进行支付，具体如图4-57、图4-58所示。

图4-57　扫描二维码　　　　　　　　　　图4-58　确认支付页面

内容六：开发票服务

开发票服务流程如表4-11所示。

表4-11　开发票服务流程

项目	内容
询问客人有关信息	（1）客人结账时如提出开具发票要求，服务员应礼貌地询问客人发票上需要写明的抬头名称 （2）礼貌地告诉客人账单的第一页将留在收银处存档，请客人稍等
开具发票	（1）服务员将账单第一页交给收银员，并告诉收银员抬头名称，请收银员为客人开具发票 （2）检查发票上的单位名称、数字填写是否正确
为客人送上发票	服务员将发票夹在账单夹内，从客人右侧将其交给客人，并再次向客人表示感谢

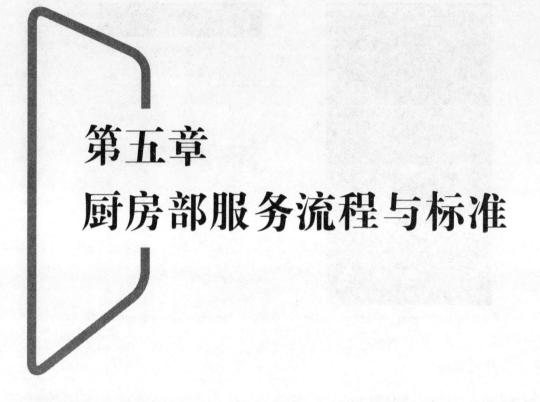

第五章
厨房部服务流程与标准

第一节 原料加工

工作一：肉类原料的整理

肉类原料的整理流程与标准如表5-1所示。

表5-1 肉类原料的整理流程与标准

顺序	项目	内容
1	查看原料	（1）根据"食品原材料每日申购计划单"，查看当天要求购进的肉类原料是否已到齐 （2）将已到的肉类原料通知各岗位领班 （3）将没到的肉类原料通知砧板领班 （4）对质量不符合要求的肉类原料，上报厨师长后退货
2	分类	（1）将需要送至各岗位的原料送到各岗位 （2）将需要放在肉类加工间的肉类原料盛入容器内
3	解冻	将需解冻的肉类原料进行解冻
4	存入冰箱	（1）将不需要加工的原料盛入肉类容器内，放入肉类冰箱 （2）对来不及加工的肉类原料，先储放在肉类冰箱里

工作二：蔬菜的分类存放

蔬菜的分类存放流程与标准如图5-1所示。

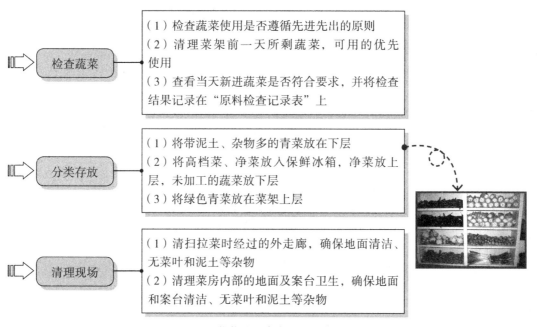

图5-1 蔬菜的分类存放流程与标准

工作三：海产原料的整理与解冻

海产原料的整理与解冻流程和标准如图5-2所示。

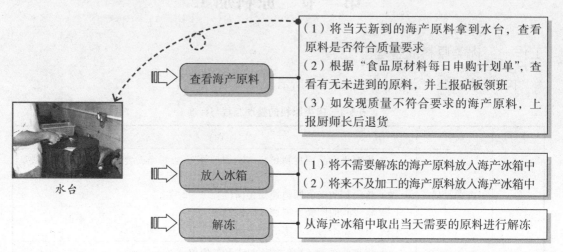

图5-2　海产原料的整理与解冻流程和标准

工作四：货品原料的领用与卤制

货品原料的领用与卤制流程及标准如表5-2所示。

准备卤制料和卤、烤制原料如图5-3、图5-4所示。

表5-2　货品原料的领用与卤制流程及标准

顺序	项目	内容
1	领取货品原料	（1）根据调制卤水及腌制原料的要求，领用所用的调味料 （2）准备卤制原料葱、姜、蒜、香菜等 （3）准备调制卤水所用的八角、花椒、桂皮、小茴香、罗汉果、甘草、香叶、蛤蚧、香茅草等香料 （4）将当天进购的货品原料及时拿到烧腊间，将需要解冻的原料进行解冻，暂时不需要解冻的原料存入冰箱内
2	调制卤水	（1）按要求调制卤猪大肠、猪肚等原料所用的红卤水 （2）按要求调制卤金钱肚、鹅肾等原料所用的白卤水 （3）按要求调制豉油鸡等菜品所用的豉油卤水
3	保养卤水	（1）每天按照要求对各种卤水进行加热，并在"卤水保养卡"上记录下加热时间、加热情况以及加热责任人 （2）每隔三天过滤一遍卤水，并记录在"卤水保养卡"上 （3）对卤完原料的卤水，要及时地添加调味料
4	卤、烤制原料	（1）对需卤制加工的原料飞透水后，按要求进行卤制 （2）对需烤制的原料，如乳猪、鸽、鸭等原料，按要求入味、上皮水，晾干后放入烤炉中烤制 （3）对需烤制的蜜汁叉烧、乳方、烤排骨等菜品，按要求腌制入味，入挂炉中烤制

图5-3　准备卤制料

图5-4　卤、烤制原料

工作五：干货涨发

干货涨发流程与标准如图5-5所示。

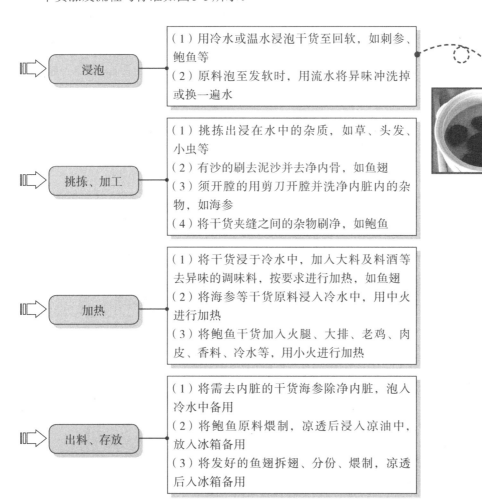

浸泡
（1）用冷水或温水浸泡干货至回软，如刺参、鲍鱼等
（2）原料泡至发软时，用流水将异味冲洗掉或换一遍水

挑拣、加工
（1）挑拣出浸在水中的杂质，如草、头发、小虫等
（2）有沙的刷去泥沙并去净内骨，如鱼翅
（3）须开膛的用剪刀开膛并洗净内脏内的杂物，如海参
（4）将干货夹缝之间的杂物刷净，如鲍鱼

加热
（1）将干货浸于冷水中，加入大料及料酒等去异味的调味料，按要求进行加热，如鱼翅
（2）将海参等干货原料浸入冷水中，用中火进行加热
（3）将鲍鱼干货加入火腿、大排、老鸡、肉皮、香料、冷水等，用小火进行加热

出料、存放
（1）将需去内脏的干货海参除净内脏，泡入冷水中备用
（2）将鲍鱼原料煨制，凉透后浸入凉油中，放入冰箱备用
（3）将发好的鱼翅拆翅、分份、煨制，凉透后入冰箱备用

图5-5　干货涨发流程与标准

工作六：肉类原料粗加工

肉类原料粗加工流程与标准如图5-6所示。

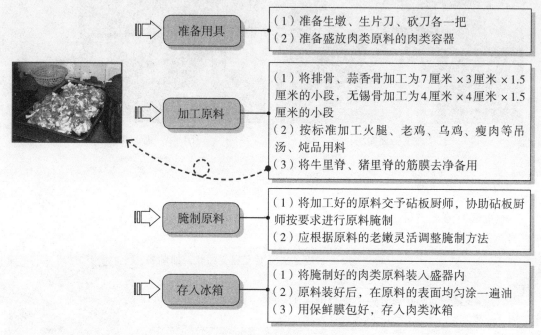

准备用具
（1）准备生墩、生片刀、砍刀各一把
（2）准备盛放肉类原料的肉类容器

加工原料
（1）将排骨、蒜香骨加工为7厘米×3厘米×1.5厘米的小段，无锡骨加工为4厘米×4厘米×1.5厘米的小段
（2）按标准加工火腿、老鸡、乌鸡、瘦肉等吊汤、炖品用料
（3）将牛里脊、猪里脊的筋膜去净备用

腌制原料
（1）将加工好的原料交予砧板厨师，协助砧板厨师按要求进行原料腌制
（2）应根据原料的老嫩灵活调整腌制方法

存入冰箱
（1）将腌制好的肉类原料装入盛器内
（2）原料装好后，在原料的表面均匀涂一遍油
（3）用保鲜膜包好，存入肉类冰箱

图5-6　肉类原料粗加工流程与标准

工作七：蔬菜粗加工

蔬菜粗加工流程与标准如图5-7所示。

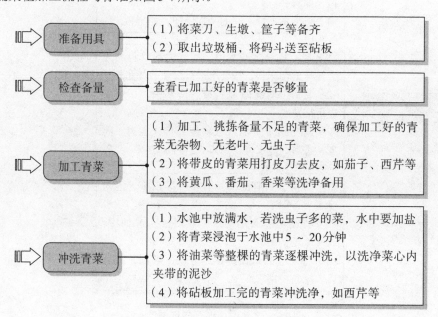

准备用具
（1）将菜刀、生墩、筐子等备齐
（2）取出垃圾桶，将码斗送至砧板

检查备量
查看已加工好的青菜是否够量

加工青菜
（1）加工、挑拣备量不足的青菜，确保加工好的青菜无杂物、无老叶、无虫子
（2）将带皮的青菜用打皮刀去皮，如茄子、西芹等
（3）将黄瓜、番茄、香菜等洗净备用

冲洗青菜
（1）水池中放满水，若洗虫子多的菜，水中要加盐
（2）将青菜浸泡于水池中5～20分钟
（3）将油菜等整棵的青菜逐棵冲洗，以洗净菜心内夹带的泥沙
（4）将砧板加工完的青菜冲洗净，如西芹等

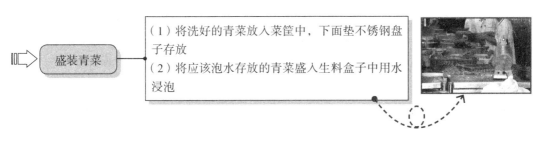

盛装青菜

（1）将洗好的青菜放入菜筐中，下面垫不锈钢盘子存放
（2）将应该泡水存放的青菜盛入生料盒子中用水浸泡

图5-7 蔬菜粗加工流程与标准

工作八：海鲜粗加工

海鲜粗加工流程与标准如图5-8所示。

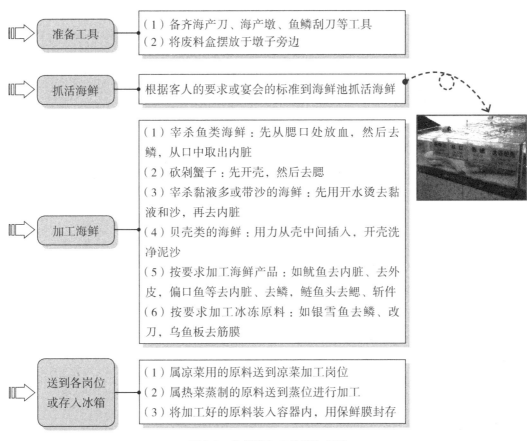

准备工具

（1）备齐海产刀、海产墩、鱼鳞刮刀等工具
（2）将废料盒摆放于墩子旁边

抓活海鲜

根据客人的要求或宴会的标准到海鲜池抓活海鲜

加工海鲜

（1）宰杀鱼类海鲜：先从腮口处放血，然后去鳞，从口中取出内脏
（2）砍剁蟹子：先开壳，然后去腮
（3）宰杀黏液多或带沙的海鲜：先用开水烫去黏液和沙，再去内脏
（4）贝壳类的海鲜：用力从壳中间插入，开壳洗净泥沙
（5）按要求加工海鲜产品：如鱿鱼去内脏、去外皮，偏口鱼等去内脏、去鳞、鲢鱼头去鳃、斩件
（6）按要求加工冰冻原料：如银雪鱼去鳞、改刀，乌鱼板去筋膜

送到各岗位或存入冰箱

（1）属凉菜用的原料送到凉菜加工岗位
（2）属热菜蒸制的原料送到蒸位进行加工
（3）将加工好的原料装入容器内，用保鲜膜封存

图5-8 海鲜粗加工流程与标准

工作九：肉类原料细加工

肉类原料细加工流程与标准如图5-9所示。

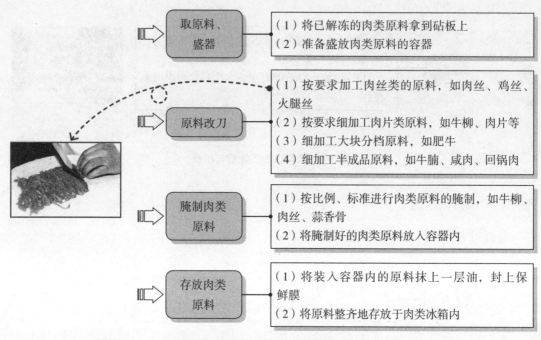

取原料、盛器　（1）将已解冻的肉类原料拿到砧板上
（2）准备盛放肉类原料的容器

原料改刀　（1）按要求加工肉丝类的原料，如肉丝、鸡丝、火腿丝
（2）按要求细加工肉片类原料，如牛柳、肉片等
（3）细加工大块分档原料，如肥牛
（4）细加工半成品原料，如牛腩、咸肉、回锅肉

腌制肉类原料　（1）按比例、标准进行肉类原料的腌制，如牛柳、肉丝、蒜香骨
（2）将腌制好的肉类原料放入容器内

存放肉类原料　（1）将装入容器内的原料抹上一层油，封上保鲜膜
（2）将原料整齐地存放于肉类冰箱内

图5-9　肉类原料细加工流程与标准

工作十：蔬菜细加工

蔬菜细加工流程与标准如图5-10所示。

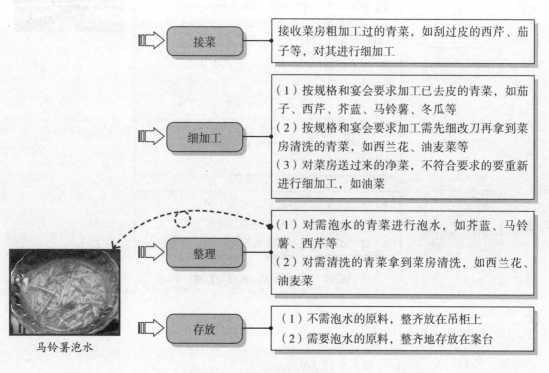

接菜　接收菜房粗加工过的青菜，如刮过皮的西芹、茄子等，对其进行细加工

细加工　（1）按规格和宴会要求加工已去皮的青菜，如茄子、西芹、芥蓝、马铃薯、冬瓜等
（2）按规格和宴会要求加工需先细改刀再拿到菜房清洗的青菜，如西兰花、油麦菜等
（3）对菜房送过来的净菜，不符合要求的要重新进行细加工，如油菜

整理　（1）对需泡水的青菜进行泡水，如芥蓝、马铃薯、西芹等
（2）对需清洗的青菜拿到菜房清洗，如西兰花、油麦菜

存放　（1）不需泡水的原料，整齐放在吊柜上
（2）需要泡水的原料，整齐地存放在案台

马铃薯泡水

图5-10　蔬菜细加工流程与标准

第二节　厨师开档

工作一：肉类细加工开档

肉类细加工开档流程与标准如图5-11所示。

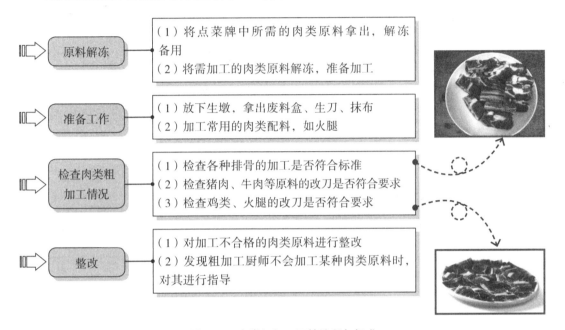

原料解冻	（1）将点菜牌中所需的肉类原料拿出，解冻备用 （2）将需加工的肉类原料解冻，准备加工
准备工作	（1）放下生墩，拿出废料盒、生刀、抹布 （2）加工常用的肉类配料，如火腿
检查肉类粗加工情况	（1）检查各种排骨的加工是否符合标准 （2）检查猪肉、牛肉等原料的改刀是否符合要求 （3）检查鸡类、火腿的改刀是否符合要求
整改	（1）对加工不合格的肉类原料进行整改 （2）发现粗加工厨师不会加工某种肉类原料时，对其进行指导

图5-11　肉类细加工开档流程与标准

工作二：蔬菜细加工开档

蔬菜细加工开档流程与标准如图5-12所示。

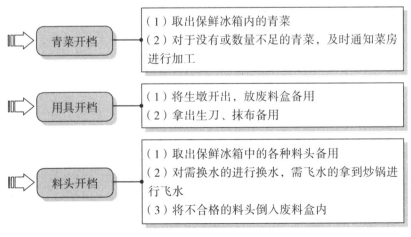

青菜开档	（1）取出保鲜冰箱内的青菜 （2）对于没有或数量不足的青菜，及时通知菜房进行加工
用具开档	（1）将生墩开出，放废料盒备用 （2）拿出生刀、抹布备用
料头开档	（1）取出保鲜冰箱中的各种料头备用 （2）对需换水的进行换水，需飞水的拿到炒锅进行飞水 （3）将不合格的料头倒入废料盒内

图5-12

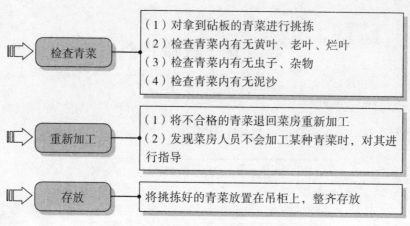

图5-12 蔬菜细加工开档流程与标准

工作三：海产细加工开档

海产细加工开档流程与标准如图5-13所示。

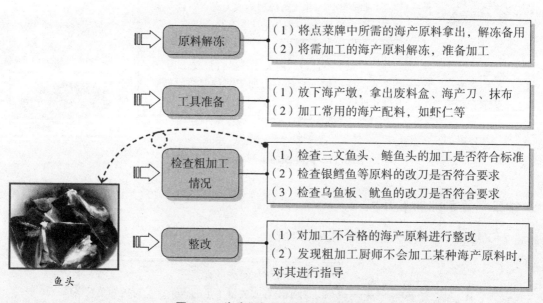

鱼头

图5-13 海产细加工开档流程与标准

工作四：烧烤餐前准备及开档

烧烤餐前准备及开档流程与标准如图5-14所示。

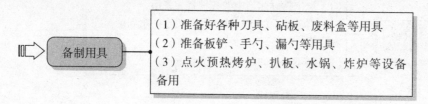

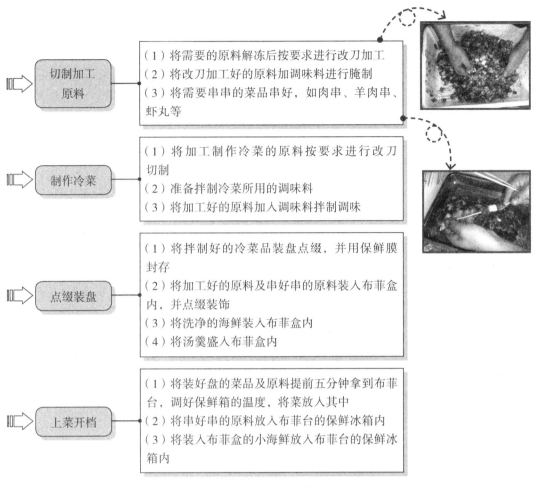

切制加工原料
（1）将需要的原料解冻后按要求进行改刀加工
（2）将改刀加工好的原料加调味料进行腌制
（3）将需要串串的菜品串好，如肉串、羊肉串、虾丸等

制作冷菜
（1）将加工制作冷菜的原料按要求进行改刀切制
（2）准备拌制冷菜所用的调味料
（3）将加工好的原料加入调味料拌制调味

点缀装盘
（1）将拌制好的冷菜品装盘点缀，并用保鲜膜封存
（2）将加工好的原料及串好串的原料装入布菲盒内，并点缀装饰
（3）将洗净的海鲜装入布菲盒内
（4）将汤羹盛入布菲盒内

上菜开档
（1）将装好盘的菜品及原料提前五分钟拿到布菲台，调好保鲜箱的温度，将菜放入其中
（2）将串好串的原料放入布菲台的保鲜冰箱内
（3）将装入布菲盒的小海鲜放入布菲台的保鲜冰箱内

图5-14　烧烤餐前准备及开档流程与标准

工作五：中点师餐前开档

中点师餐前开档流程与标准如图5-15所示。

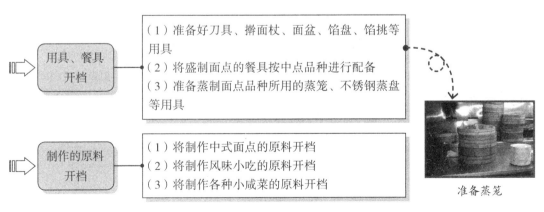

用具、餐具开档
（1）准备好刀具、擀面杖、面盆、馅盘、馅挑等用具
（2）将盛制面点的餐具按中点品种进行配备
（3）准备蒸制面点品种所用的蒸笼、不锈钢蒸盘等用具

制作的原料开档
（1）将制作中式面点的原料开档
（2）将制作风味小吃的原料开档
（3）将制作各种小咸菜的原料开档

准备蒸笼

图5-15

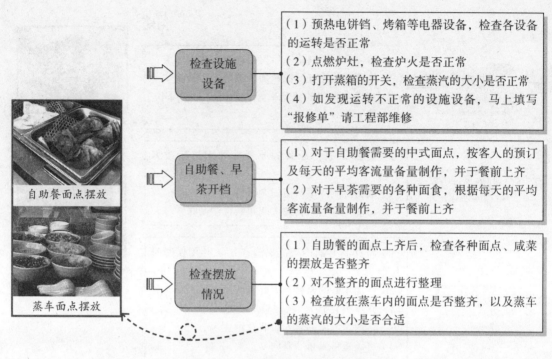

图5-15　中点师餐前开档流程与标准

工作六：西点师餐前开档

西点师餐前开档流程与标准如图5-16所示。

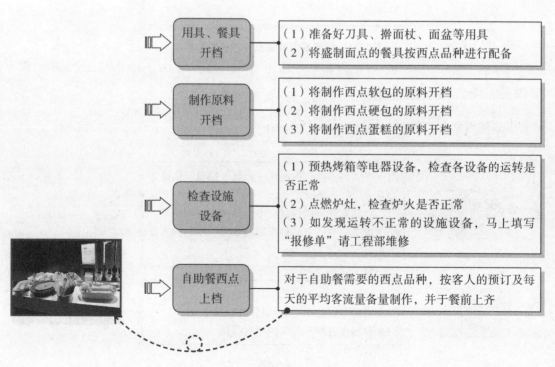

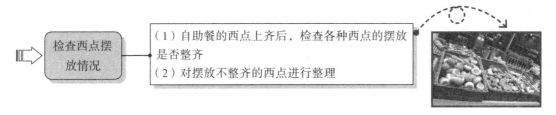

检查西点摆放情况	（1）自助餐的西点上齐后，检查各种西点的摆放是否整齐 （2）对摆放不整齐的西点进行整理

图5-16 西点师餐前开档流程与标准

工作七：冷菜开档

冷菜开档流程与标准如图5-17所示。

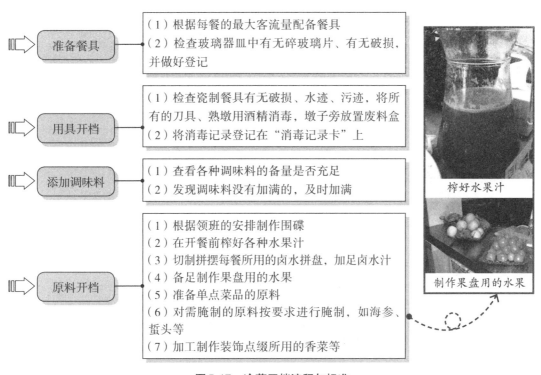

准备餐具	（1）根据每餐的最大客流量配备餐具 （2）检查玻璃器皿中有无碎玻璃片、有无破损，并做好登记
用具开档	（1）检查瓷制餐具有无破损、水迹、污迹，将所有的刀具、熟墩用酒精消毒，墩子旁放置废料盒 （2）将消毒记录登记在"消毒记录卡"上
添加调味料	（1）查看各种调味料的备量是否充足 （2）发现调味料没有加满的，及时加满
原料开档	（1）根据领班的安排制作围碟 （2）在开餐前榨好各种水果汁 （3）切制拼摆每餐所用的卤水拼盘，加足卤水汁 （4）备足制作果盘用的水果 （5）准备单点菜品的原料 （6）对需腌制的原料按要求进行腌制，如海参、蜇头等 （7）加工制作装饰点缀所用的香菜等

榨好水果汁

制作果盘用的水果

图5-17 冷菜开档流程与标准

工作八：扒房开档

扒房开档流程与标准如图5-18所示。

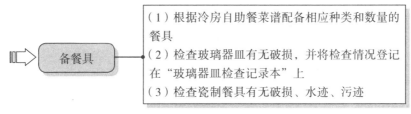

备餐具	（1）根据冷房自助餐菜谱配备相应种类和数量的餐具 （2）检查玻璃器皿有无破损，并将检查情况登记在"玻璃器皿检查记录本"上 （3）检查瓷制餐具有无破损、水迹、污迹

图5-18

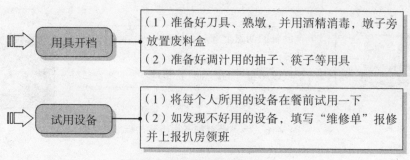

图5-18　扒房开档流程与标准

工作九：打荷开档

打荷开档流程与标准如图5-19所示。

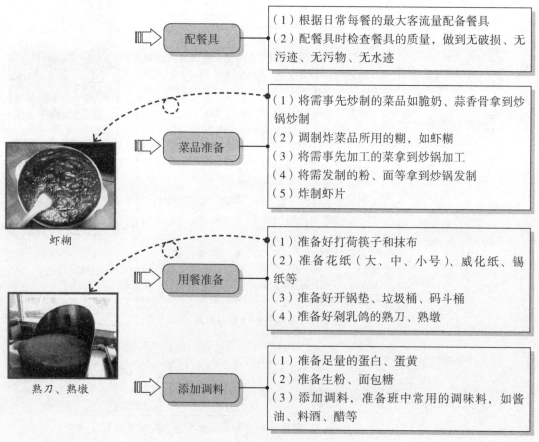

图5-19　打荷开档流程与标准

工作十：上什开档

上什开档流程与标准如图5-20所示。

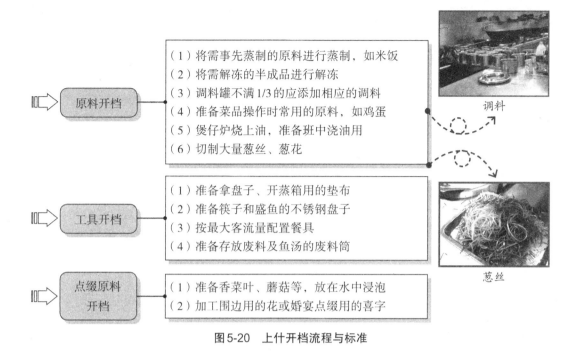

（1）将需事先蒸制的原料进行蒸制，如米饭

（2）将需解冻的半成品进行解冻

（3）调料罐不满1/3的应添加相应的调料

原料开档　（4）准备菜品操作时常用的原料，如鸡蛋

（5）煲仔炉烧上油，准备班中浇油用

（6）切制大量葱丝、葱花

调料

（1）准备拿盘子、开蒸箱用的垫布

（2）准备筷子和盛鱼的不锈钢盘子

工具开档　（3）按最大客流量配置餐具

（4）准备存放废料及鱼汤的废料筒

葱丝

点缀原料
开档

（1）准备香菜叶、蘑菇等，放在水中浸泡

（2）加工围边用的花或婚宴点缀用的喜字

图5-20　上什开档流程与标准

工作十一：日料菜品开档

日料菜品开档流程与标准如图5-21所示。

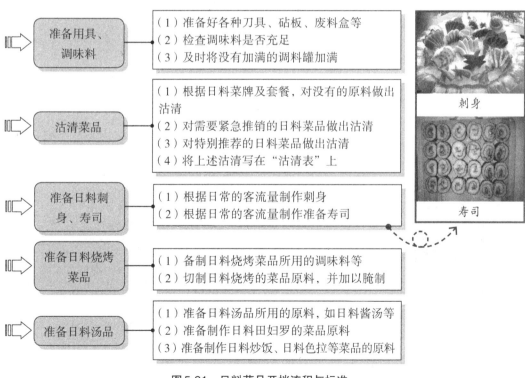

准备用具、
调味料

（1）准备好各种刀具、砧板、废料盒等

（2）检查调味料是否充足

（3）及时将没有加满的调料罐加满

沽清菜品

（1）根据日料菜牌及套餐，对没有的原料做出
沽清

（2）对需要紧急推销的日料菜品做出沽清

（3）对特别推荐的日料菜品做出沽清

（4）将上述沽清写在"沽清表"上

刺身

准备日料刺
身、寿司

（1）根据日常的客流量制作刺身

（2）根据日常的客流量制作准备寿司

寿司

准备日料烧烤
菜品

（1）备制日料烧烤菜品所用的调味料等

（2）切制日料烧烤的菜品原料，并加以腌制

准备日料汤品

（1）准备日料汤品所用的原料，如日料酱汤等

（2）准备制作日料田妇罗的菜品原料

（3）准备制作日料炒饭、日料色拉等菜品的原料

图5-21　日料菜品开档流程与标准

工作十二：韩料菜品开档

韩料菜品开档流程与标准如图5-22所示。

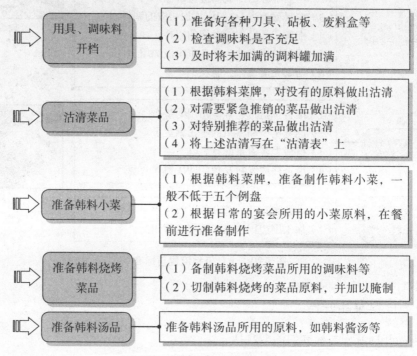

用具、调味料开档	（1）准备好各种刀具、砧板、废料盒等 （2）检查调味料是否充足 （3）及时将未加满的调料罐加满
沾清菜品	（1）根据韩料菜牌，对没有的原料做出沾清 （2）对需要紧急推销的菜品做出沾清 （3）对特别推荐的菜品做出沾清 （4）将上述沾清写在"沾清表"上
准备韩料小菜	（1）根据韩料菜牌，准备制作韩料小菜，一般不低于五个例盘 （2）根据日常的宴会所用的小菜原料，在餐前进行准备制作
准备韩料烧烤菜品	（1）备制韩料烧烤菜品所用的调味料等 （2）切制韩料烧烤的菜品原料，并加以腌制
准备韩料汤品	准备韩料汤品所用的原料，如韩料酱汤等

图5-22　韩料菜品开档流程与标准

第三节　菜品制作

菜品一：中式面点及风味小吃

制作中式面点及风味小吃的流程与标准如图5-23所示。

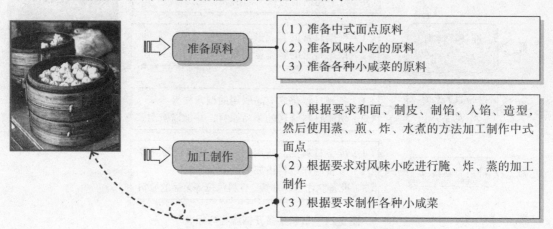

准备原料	（1）准备中式面点原料 （2）准备风味小吃的原料 （3）准备各种小咸菜的原料
加工制作	（1）根据要求和面、制皮、制馅、入馅、造型，然后使用蒸、煎、炸、水煮的方法加工制作中式面点 （2）根据要求对风味小吃进行腌、炸、蒸的加工制作 （3）根据要求制作各种小咸菜

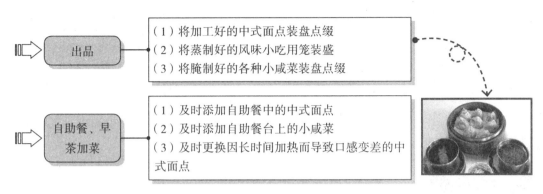

出品	（1）将加工好的中式面点装盘点缀 （2）将蒸制好的风味小吃用笼装盛 （3）将腌制好的各种小咸菜装盘点缀
自助餐、早茶加菜	（1）及时添加自助餐中的中式面点 （2）及时添加自助餐台上的小咸菜 （3）及时更换因长时间加热而导致口感变差的中式面点

图5-23　制作中式面点及风味小吃流程与标准

菜品二：西点

制作西点的流程与标准如图5-24所示。

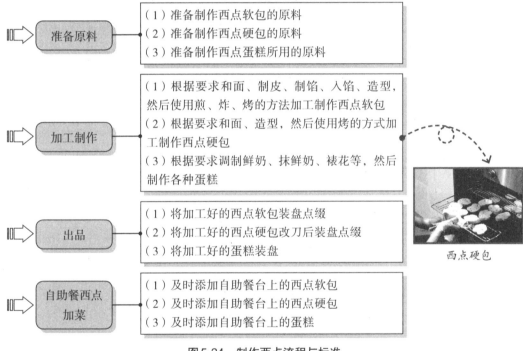

准备原料	（1）准备制作西点软包的原料 （2）准备制作西点硬包的原料 （3）准备制作西点蛋糕所用的原料
加工制作	（1）根据要求和面、制皮、制馅、入馅、造型，然后使用煎、炸、烤的方法加工制作西点软包 （2）根据要求和面、造型，然后使用烤的方式加工制作西点硬包 （3）根据要求调制鲜奶、抹鲜奶、裱花等，然后制作各种蛋糕
出品	（1）将加工好的西点软包装盘点缀 （2）将加工好的西点硬包改刀后装盘点缀 （3）将加工好的蛋糕装盘
自助餐西点加菜	（1）及时添加自助餐台上的西点软包 （2）及时添加自助餐台上的西点硬包 （3）及时添加自助餐台上的蛋糕

西点硬包

图5-24　制作西点流程与标准

菜品三：扒房菜品

制作扒房菜品流程与标准如图5-25所示。

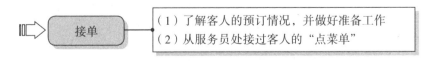

接单	（1）了解客人的预订情况，并做好准备工作 （2）从服务员处接过客人的"点菜单"

图5-25

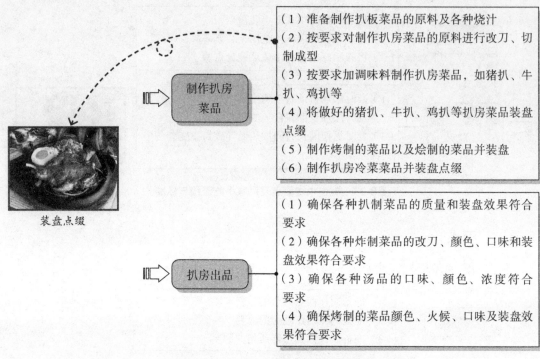

图 5-25　制作扒房菜品流程与标准

菜品四：汤锅菜

制作汤锅菜品的流程与标准如图 5-26 所示。

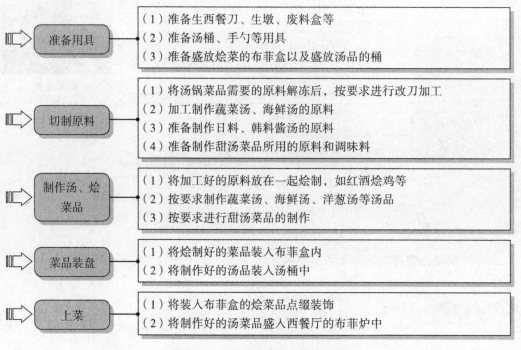

图 5-26　制作汤锅菜品流程与标准

菜品五：布朗基础汤及热沙司

调制布朗基础汤及热沙司流程与标准如图5-27所示。

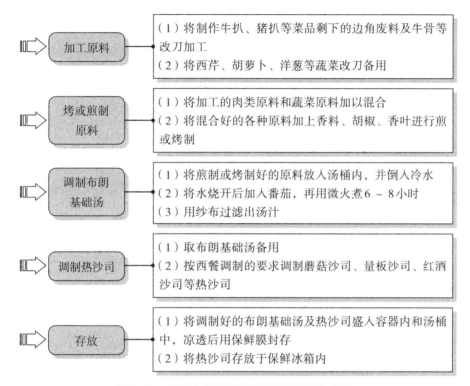

加工原料	（1）将制作牛扒、猪扒等菜品剩下的边角废料及牛骨等改刀加工 （2）将西芹、胡萝卜、洋葱等蔬菜改刀备用
烤或煎制原料	（1）将加工的肉类原料和蔬菜原料加以混合 （2）将混合好的各种原料加上香料、胡椒、香叶进行煎或烤制
调制布朗基础汤	（1）将煎制或烤制好的原料放入汤桶内，并倒入冷水 （2）将水烧开后加入番茄，再用微火煮6~8小时 （3）用纱布过滤出汤汁
调制热沙司	（1）取布朗基础汤备用 （2）按西餐调制的要求调制蘑菇沙司、量板沙司、红酒沙司等热沙司
存放	（1）将调制好的布朗基础汤及热沙司盛入容器内和汤桶中，凉透后用保鲜膜封存 （2）将热沙司存放于保鲜冰箱内

图5-27　调制布朗基础汤及热沙司流程与标准

菜品六：扒板菜品

制作扒板菜品流程与标准如图5-28所示。

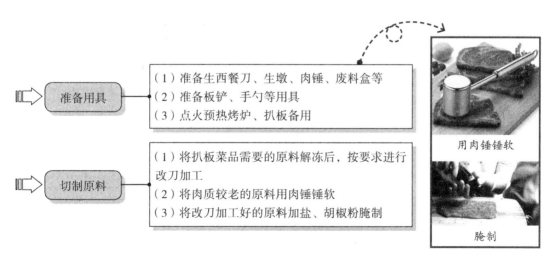

| 准备用具 | （1）准备生西餐刀、生墩、肉锤、废料盒等
（2）准备板铲、手勺等用具
（3）点火预热烤炉、扒板备用 |
| 切制原料 | （1）将扒板菜品需要的原料解冻后，按要求进行改刀加工
（2）将肉质较老的原料用肉锤锤软
（3）将改刀加工好的原料加盐、胡椒粉腌制 |

用肉锤锤软

腌制

图5-28

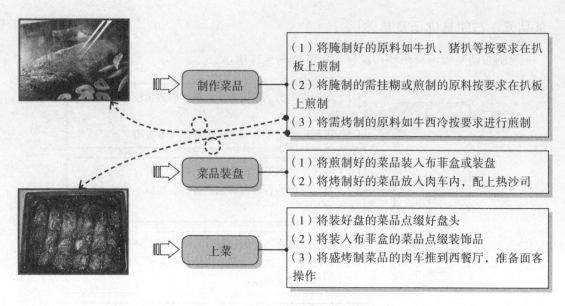

图 5-28　制作扒板菜品流程与标准

菜品七：炸菜

制作炸菜流程与标准如图 5-29 所示。

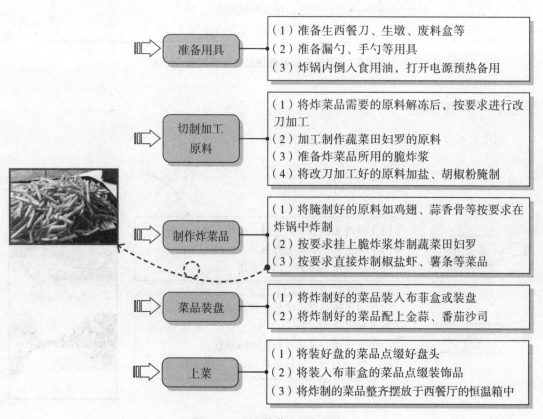

图 5-29　制作炸菜流程与标准

菜品八：日料菜品

制作日料菜品流程与标准如图5-30所示。

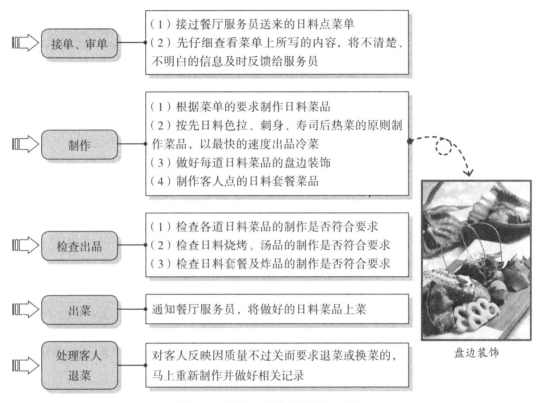

接单、审单
（1）接过餐厅服务员送来的日料点菜单
（2）先仔细查看菜单上所写的内容，将不清楚、不明白的信息及时反馈给服务员

制作
（1）根据菜单的要求制作日料菜品
（2）按先日料色拉、刺身、寿司后热菜的原则制作菜品，以最快的速度出品冷菜
（3）做好每道日料菜品的盘边装饰
（4）制作客人点的日料套餐菜品

检查出品
（1）检查各道日料菜品的制作是否符合要求
（2）检查日料烧烤、汤品的制作是否符合要求
（3）检查日料套餐及炸品的制作是否符合要求

出菜
通知餐厅服务员，将做好的日料菜品上菜

处理客人退菜
对客人反映因质量不过关而要求退菜或换菜的，马上重新制作并做好相关记录

盘边装饰

图5-30　制作日料菜品流程与标准

菜品九：韩料菜品

制作韩料菜品流程与标准如图5-31所示。

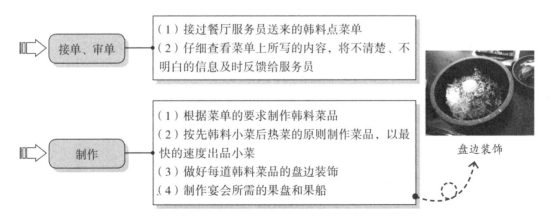

接单、审单
（1）接过餐厅服务员送来的韩料点菜单
（2）仔细查看菜单上所写的内容，将不清楚、不明白的信息及时反馈给服务员

制作
（1）根据菜单的要求制作韩料菜品
（2）按先韩料小菜后热菜的原则制作菜品，以最快的速度出品小菜
（3）做好每道韩料菜品的盘边装饰
（4）制作宴会所需的果盘和果船

盘边装饰

图5-31

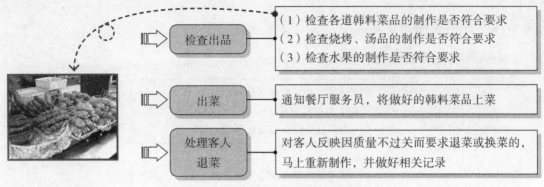

检查出品 —— （1）检查各道韩料菜品的制作是否符合要求
（2）检查烧烤、汤品的制作是否符合要求
（3）检查水果的制作是否符合要求

出菜 —— 通知餐厅服务员，将做好的韩料菜品上菜

处理客人退菜 —— 对客人反映因质量不过关而要求退菜或换菜的，马上重新制作，并做好相关记录

图 5-31　制作韩料菜品流程与标准

菜品十：烧腊出品收存

烧腊出品收存流程与标准如图 5-32 所示。

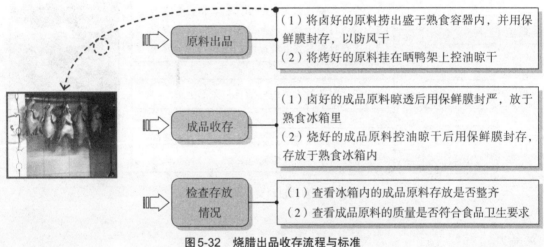

原料出品 —— （1）将卤好的原料捞出盛于熟食容器内，并用保鲜膜封存，以防风干
（2）将烤好的原料挂在晒鸭架上控油晾干

成品收存 —— （1）卤好的成品原料晾透后用保鲜膜封严，放于熟食冰箱里
（2）烧好的成品原料控油晾干后用保鲜膜封存，存放于熟食冰箱内

检查存放情况 —— （1）查看冰箱内的成品原料存放是否整齐
（2）查看成品原料的质量是否符合食品卫生要求

图 5-32　烧腊出品收存流程与标准

第四节　收档

工作一：肉类细加工收档

肉类细加工收档工作流程与标准如图 5-33 所示。

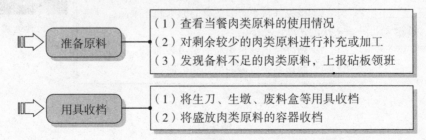

准备原料 —— （1）查看当餐肉类原料的使用情况
（2）对剩余较少的肉类原料进行补充或加工
（3）发现备料不足的肉类原料，上报砧板领班

用具收档 —— （1）将生刀、生墩、废料盒等用具收档
（2）将盛放肉类原料的容器收档

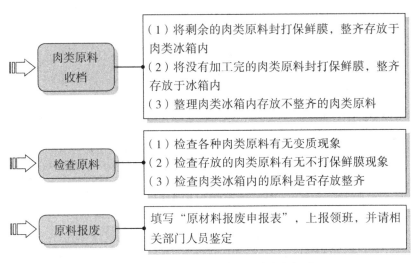

图5-33　肉类细加工收档工作流程与标准

工作二：菜房收档

菜房收档工作流程与标准如图5-34所示。

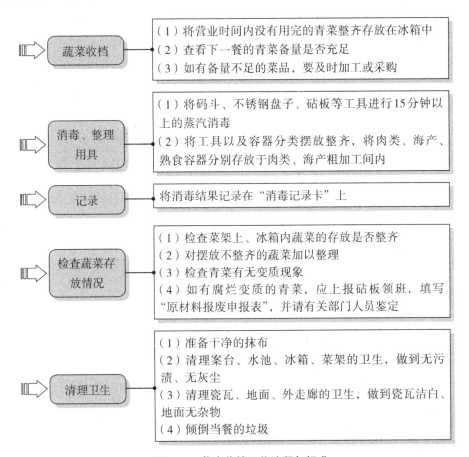

图5-34　菜房收档工作流程与标准

工作三：冷菜收档

冷菜收档工作流程与标准如图5-35所示。

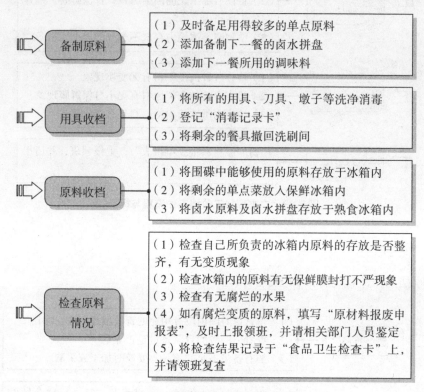

图 5-35　冷菜收档工作流程与标准

工作四：热房收档

热房收档工作流程与标准如图5-36所示。

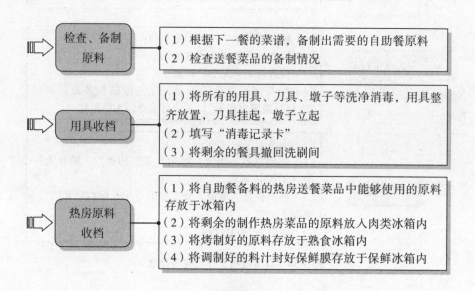

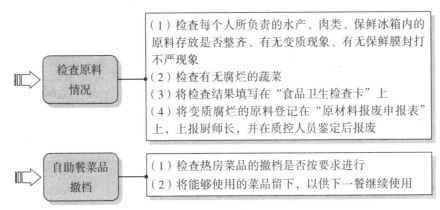

检查原料情况	（1）检查每个人所负责的水产、肉类、保鲜冰箱内的原料存放是否整齐、有无变质现象、有无保鲜膜封打不严现象 （2）检查有无腐烂的蔬菜 （3）将检查结果填写在"食品卫生检查卡"上 （4）将变质腐烂的原料登记在"原材料报废申报表"上，上报厨师长，并在质控人员鉴定后报废
自助餐菜品撤档	（1）检查热房菜品的撤档是否按要求进行 （2）将能够使用的菜品留下，以供下一餐继续使用

图5-36　热房收档工作流程与标准

工作五：汤锅收档

汤锅收档工作流程与标准如图5-37所示。

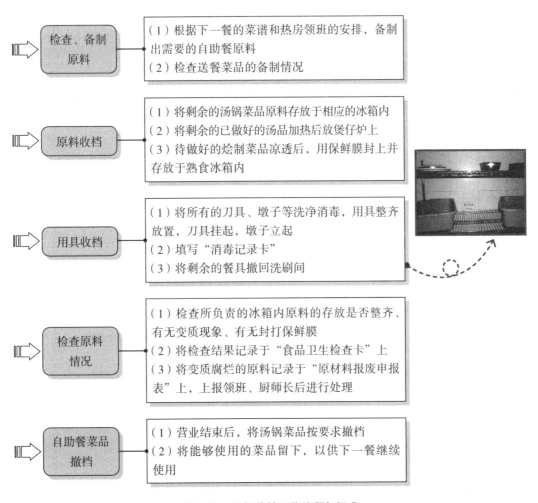

检查、备制原料	（1）根据下一餐的菜谱和热房领班的安排，备制出需要的自助餐原料 （2）检查送餐菜品的备制情况
原料收档	（1）将剩余的汤锅菜品原料存放于相应的冰箱内 （2）将剩余的已做好的汤品加热后放煲仔炉上 （3）待做好的烩制菜品凉透后，用保鲜膜封上并存放于熟食冰箱内
用具收档	（1）将所有的刀具、墩子等洗净消毒，用具整齐放置，刀具挂起，墩子立起 （2）填写"消毒记录卡" （3）将剩余的餐具撤回洗刷间
检查原料情况	（1）检查所负责的冰箱内原料的存放是否整齐、有无变质现象、有无封打保鲜膜 （2）将检查结果记录于"食品卫生检查卡"上 （3）将变质腐烂的原料记录于"原材料报废申报表"上，上报领班、厨师长后进行处理
自助餐菜品撤档	（1）营业结束后，将汤锅菜品按要求撤档 （2）将能够使用的菜品留下，以供下一餐继续使用

图5-37　汤锅收档工作流程与标准

工作六：扒房收档

扒房收档工作流程与标准如图5-38所示。

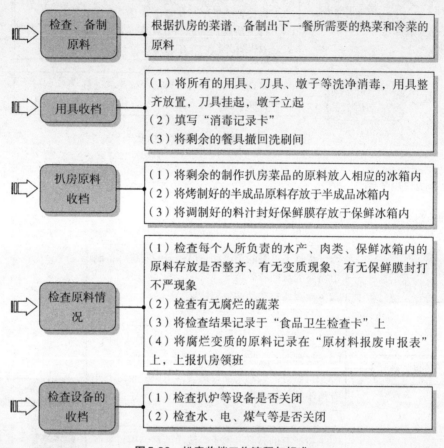

图5-38　扒房收档工作流程与标准

工作七：烧烤收档

烧烤收档工作流程与标准如图5-39所示。

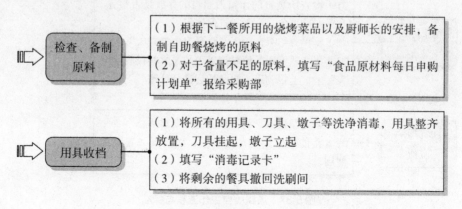

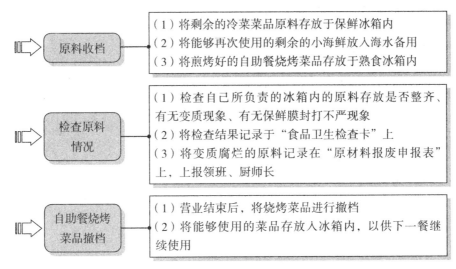

图5-39　烧烤收档工作流程与标准

工作八：中点收档

中点收档工作流程与标准如图5-40所示。

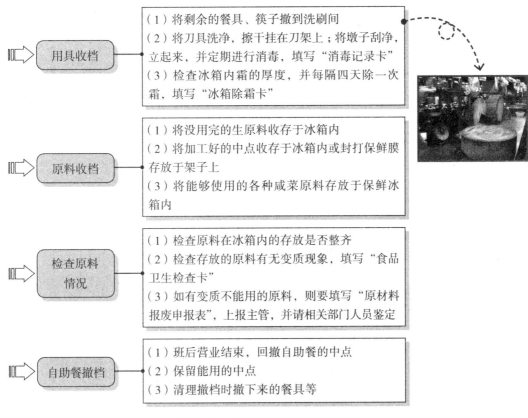

图5-40　中点收档工作流程与标准

工作九：西点收档

西点收档工作流程与标准如图5-41所示。

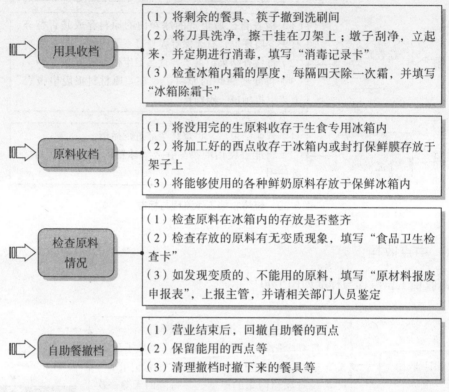

用具收档
（1）将剩余的餐具、筷子撤到洗刷间
（2）将刀具洗净，擦干挂在刀架上；墩子刮净，立起来，并定期进行消毒，填写"消毒记录卡"
（3）检查冰箱内霜的厚度，每隔四天除一次霜，并填写"冰箱除霜卡"

原料收档
（1）将没用完的生原料收存于生食专用冰箱内
（2）将加工好的西点收存于冰箱内或封打保鲜膜存放于架子上
（3）将能够使用的各种鲜奶原料存放于保鲜冰箱内

检查原料情况
（1）检查原料在冰箱内的存放是否整齐
（2）检查存放的原料有无变质现象，填写"食品卫生检查卡"
（3）如发现变质的、不能用的原料，填写"原材料报废申报表"，上报主管，并请相关部门人员鉴定

自助餐撤档
（1）营业结束后，回撤自助餐的西点
（2）保留能用的西点等
（3）清理撤档时撤下来的餐具等

图5-41　西点收档工作流程与标准

工作十：扒板收档

扒板收档工作流程与标准如图5-42所示。

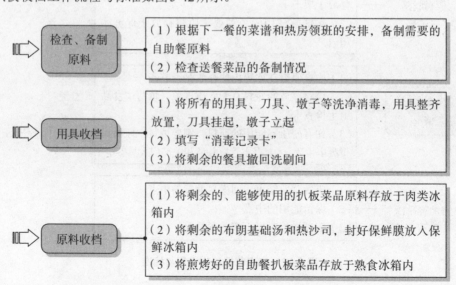

检查、备制原料
（1）根据下一餐的菜谱和热房领班的安排，备制需要的自助餐原料
（2）检查送餐菜品的备制情况

用具收档
（1）将所有的用具、刀具、墩子等洗净消毒，用具整齐放置，刀具挂起，墩子立起
（2）填写"消毒记录卡"
（3）将剩余的餐具撤回洗刷间

原料收档
（1）将剩余的、能够使用的扒板菜品原料存放于肉类冰箱内
（2）将剩余的布朗基础汤和热沙司，封好保鲜膜放入保鲜冰箱内
（3）将煎烤好的自助餐扒板菜品存放于熟食冰箱内

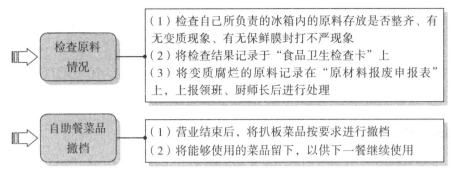

图5-42　扒板收档工作流程与标准

工作十一：炒锅收档

炒锅收档工作流程与标准如图5-43所示。

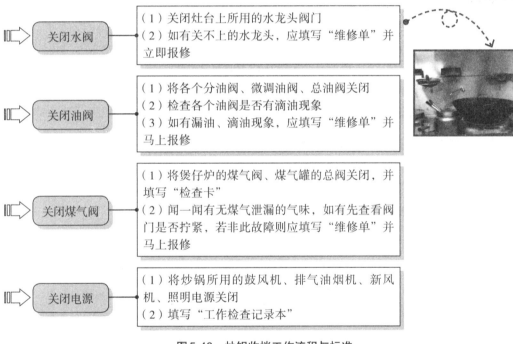

图5-43　炒锅收档工作流程与标准

工作十二：烧腊收档

烧腊收档工作流程与标准如图5-44所示。

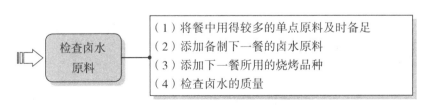

图5-44

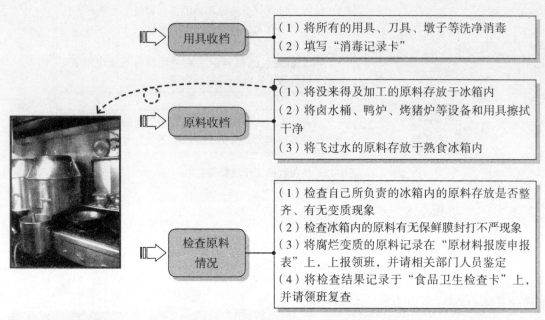

用具收档 —— （1）将所有的用具、刀具、墩子等洗净消毒
（2）填写"消毒记录卡"

原料收档 —— （1）将没来得及加工的原料存放于冰箱内
（2）将卤水桶、鸭炉、烤猪炉等设备和用具擦拭干净
（3）将飞过水的原料存放于熟食冰箱内

检查原料情况 —— （1）检查自己所负责的冰箱内的原料存放是否整齐、有无变质现象
（2）检查冰箱内的原料有无保鲜膜封打不严现象
（3）将腐烂变质的原料记录在"原材料报废申报表"上，上报领班，并请相关部门人员鉴定
（4）将检查结果记录于"食品卫生检查卡"上，并请领班复查

图5-44　烧腊收档工作流程与标准

工作十三：韩料收档

韩料收档工作流程与标准如图5-45所示。

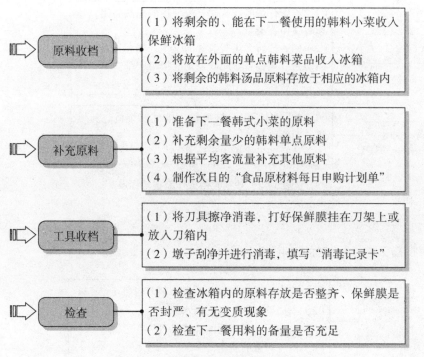

原料收档 —— （1）将剩余的、能在下一餐使用的韩料小菜收入保鲜冰箱
（2）将放在外面的单点韩料菜品收入冰箱
（3）将剩余的韩料汤品原料存放于相应的冰箱内

补充原料 —— （1）准备下一餐韩式小菜的原料
（2）补充剩余量少的韩料单点原料
（3）根据平均客流量补充其他原料
（4）制作次日的"食品原材料每日申购计划单"

工具收档 —— （1）将刀具擦净消毒，打好保鲜膜挂在刀架上或放入刀箱内
（2）墩子刮净并进行消毒，填写"消毒记录卡"

检查 —— （1）检查冰箱内的原料存放是否整齐、保鲜膜是否封严、有无变质现象
（2）检查下一餐用料的备量是否充足

图5-45　韩料收档工作流程与标准

第五节　日常管理工作

工作一：日常卫生清理

日常卫生清理工作流程与标准如图5-46所示。

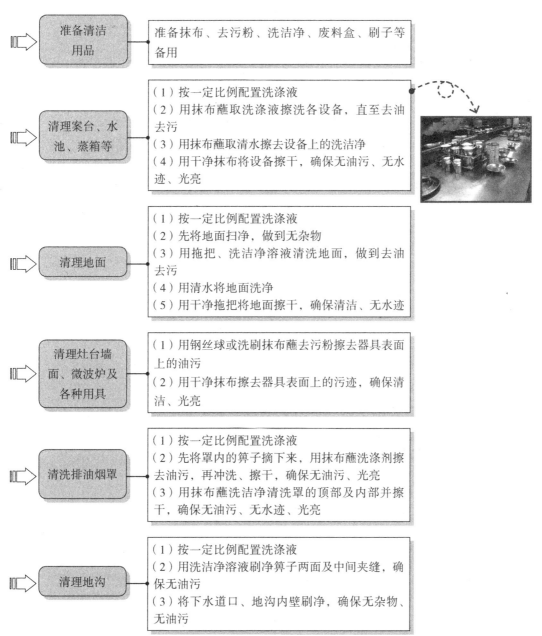

准备清洁用品
准备抹布、去污粉、洗洁净、废料盒、刷子等备用

清理案台、水池、蒸箱等
（1）按一定比例配置洗涤液
（2）用抹布蘸取洗涤液擦洗各设备，直至去油去污
（3）用抹布蘸取清水擦去设备上的洗洁净
（4）用干净抹布将设备擦干，确保无油污、无水迹、光亮

清理地面
（1）按一定比例配置洗涤液
（2）先将地面扫净，做到无杂物
（3）用拖把、洗洁净溶液清洗地面，做到去油去污
（4）用清水将地面洗净
（5）用干净拖把将地面擦干，确保清洁、无水迹

清理灶台墙面、微波炉及各种用具
（1）用钢丝球或洗刷抹布蘸去污粉擦去器具表面上的油污
（2）用干净抹布擦去器具表面上的污迹，确保清洁、光亮

清洗排油烟罩
（1）按一定比例配置洗涤液
（2）先将罩内的箅子摘下来，用抹布蘸洗涤剂擦去油污，再冲洗、擦干，确保无油污、光亮
（3）用抹布蘸洗洁净清洗罩的顶部及内部并擦干，确保无油污、无水迹、光亮

清理地沟
（1）按一定比例配置洗涤液
（2）用洗洁净溶液刷净箅子两面及中间夹缝，确保无油污
（3）将下水道口、地沟内壁刷净，确保无杂物、无油污

图5-46　日常卫生清理工作流程与标准

工作二：周期卫生清理

周期卫生清理工作流程与标准如图5-47所示。

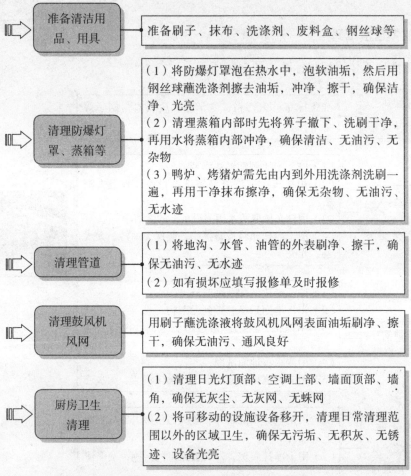

图5-47 周期卫生清理工作流程与标准

工作三：厨房贵重物品的储存与发放

厨房贵重物品的储存与发放工作流程与标准如图5-48所示。

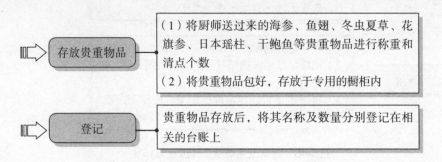

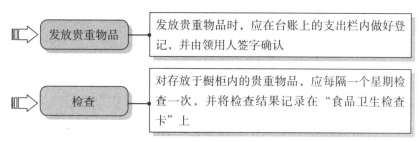

| 发放贵重物品 | 发放贵重物品时，应在台账上的支出栏内做好登记，并由领用人签字确认 |

| 检查 | 对存放于橱柜内的贵重物品，应每隔一个星期检查一次，并将检查结果记录在"食品卫生检查卡"上 |

图5-48　厨房贵重物品的储存与发放工作流程与标准

工作四：厨房盘点

厨房盘点工作流程与标准如图5-49所示。

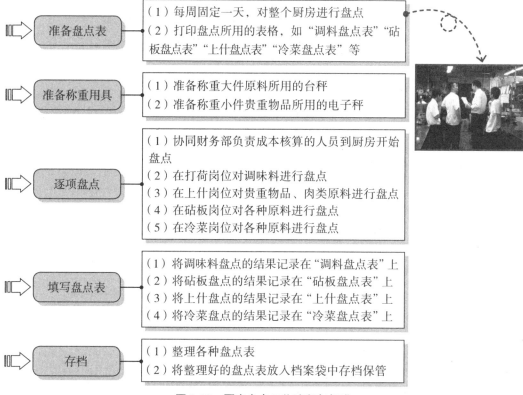

| 准备盘点表 | （1）每周固定一天，对整个厨房进行盘点
（2）打印盘点所用的表格，如"调料盘点表""砧板盘点表""上什盘点表""冷菜盘点表"等 |

| 准备称重用具 | （1）准备称重大件原料所用的台秤
（2）准备称重小件贵重物品所用的电子秤 |

| 逐项盘点 | （1）协同财务部负责成本核算的人员到厨房开始盘点
（2）在打荷岗位对调味料进行盘点
（3）在上什岗位对贵重物品、肉类原料进行盘点
（4）在砧板岗位对各种原料进行盘点
（5）在冷菜岗位对各种原料进行盘点 |

| 填写盘点表 | （1）将调味料盘点的结果记录在"调料盘点表"上
（2）将砧板盘点的结果记录在"砧板盘点表"上
（3）将上什盘点的结果记录在"上什盘点表"上
（4）将冷菜盘点的结果记录在"冷菜盘点表"上 |

| 存档 | （1）整理各种盘点表
（2）将整理好的盘点表放入档案袋中存档保管 |

图5-49　厨房盘点工作流程与标准

工作五：菜品成本核算

菜品成本核算工作流程与标准如图5-50所示。

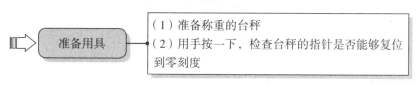

| 准备用具 | （1）准备称重的台秤
（2）用手按一下，检查台秤的指针是否能够复位到零刻度 |

图5-50

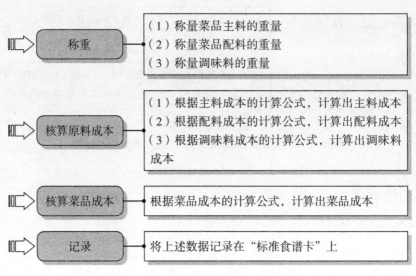

图 5-50　菜品成本核算工作流程与标准

工作六：厨房毛利控制

厨房毛利控制工作流程与标准如图 5-51 所示。

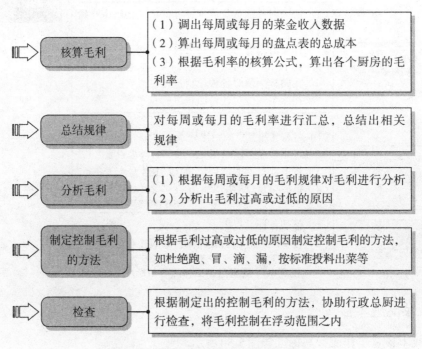

图 5-51　厨房毛利控制工作流程与标准

工作七：菜品创新

菜品创新工作流程与标准如图 5-52 所示。

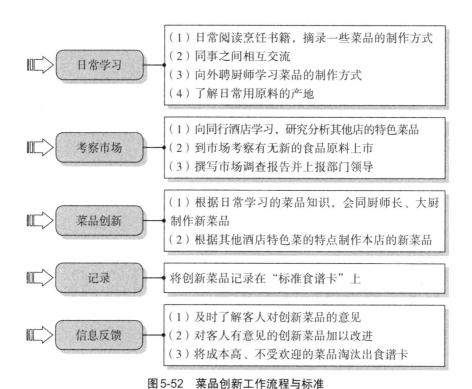

日常学习
（1）日常阅读烹饪书籍，摘录一些菜品的制作方式
（2）同事之间相互交流
（3）向外聘厨师学习菜品的制作方式
（4）了解日常用原料的产地

考察市场
（1）向同行酒店学习，研究分析其他店的特色菜品
（2）到市场考察有无新的食品原料上市
（3）撰写市场调查报告并上报部门领导

菜品创新
（1）根据日常学习的菜品知识，会同厨师长、大厨制作新菜品
（2）根据其他酒店特色菜的特点制作本店的新菜品

记录
将创新菜品记录在"标准食谱卡"上

信息反馈
（1）及时了解客人对创新菜品的意见
（2）对客人有意见的创新菜品加以改进
（3）将成本高、不受欢迎的菜品淘汰出食谱卡

图 5-52　菜品创新工作流程与标准

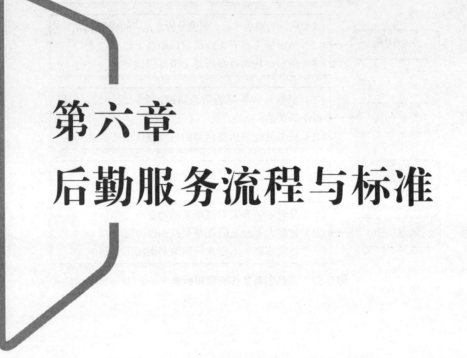

第六章
后勤服务流程与标准

第一节 洗刷餐具

工作一：洗碟机操作

洗碟机操作如图6-1所示。

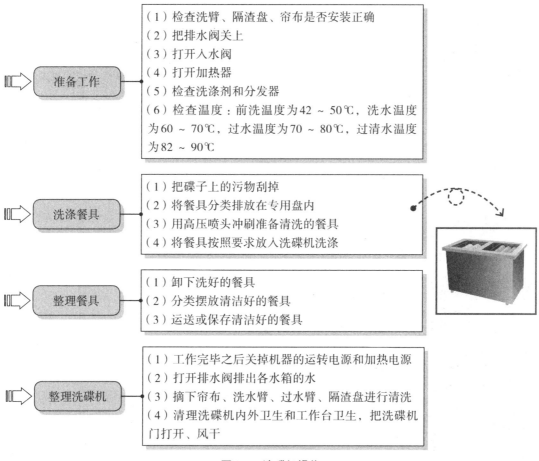

准备工作
（1）检查洗臂、隔渣盘、帘布是否安装正确
（2）把排水阀关上
（3）打开入水阀
（4）打开加热器
（5）检查洗涤剂和分发器
（6）检查温度：前洗温度为42～50℃，洗水温度为60～70℃，过水温度为70～80℃，过清水温度为82～90℃

洗涤餐具
（1）把碟子上的污物刮掉
（2）将餐具分类排放在专用盘内
（3）用高压喷头冲刷准备清洗的餐具
（4）将餐具按照要求放入洗碟机洗涤

整理餐具
（1）卸下洗好的餐具
（2）分类摆放清洁好的餐具
（3）运送或保存清洁好的餐具

整理洗碟机
（1）工作完毕之后关掉机器的运转电源和加热电源
（2）打开排水阀排出各水箱的水
（3）摘下帘布、洗水臂、过水臂、隔渣盘进行清洗
（4）清理洗碟机内外卫生和工作台卫生，把洗碟机门打开、风干

图6-1 洗碟机操作

工作二：洗碗机清洁保养

洗碗机清洁保养如图6-2所示。

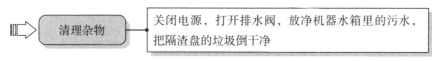

清理杂物
关闭电源，打开排水阀，放净机器水箱里的污水，把隔渣盘的垃圾倒干净

图6-2

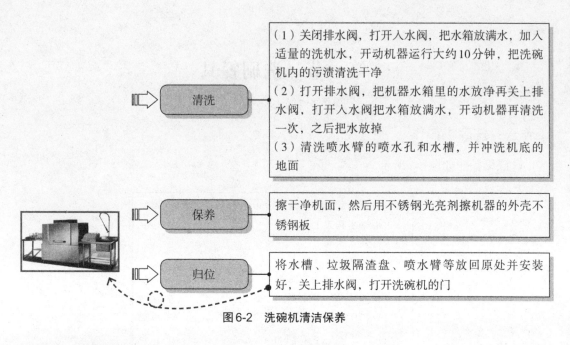

（1）关闭排水阀，打开入水阀，把水箱放满水，加入适量的洗机水，开动机器运行大约10分钟，把洗碗机内的污渍清洗干净

（2）打开排水阀，把机器水箱里的水放净再关上排水阀，打开入水阀把水箱放满水，开动机器再清洗一次，之后把水放掉

（3）清洗喷水臂的喷水孔和水槽，并冲洗机底的地面

保养：擦干净机面，然后用不锈钢光亮剂擦机器的外壳不锈钢板

归位：将水槽、垃圾隔渣盘、喷水臂等放回原处并安装好，关上排水阀，打开洗碗机的门

图6-2 洗碗机清洁保养

工作三：餐具清洁

餐具清洁如图6-3所示。

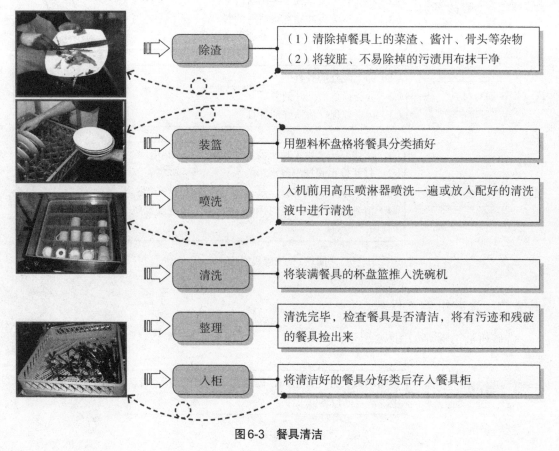

除渣：
（1）清除掉餐具上的菜渣、酱汁、骨头等杂物
（2）将较脏、不易除掉的污渍用布抹干净

装篮：用塑料杯盘格将餐具分类插好

喷洗：入机前用高压喷淋器喷洗一遍或放入配好的清洗液中进行清洗

清洗：将装满餐具的杯盘篮推入洗碗机

整理：清洗完毕，检查餐具是否清洁，将有污迹和残破的餐具捡出来

入柜：将清洁好的餐具分好类后存入餐具柜

图6-3 餐具清洁

工作四：银器清洁保养

银器清洁保养如图6-4所示。

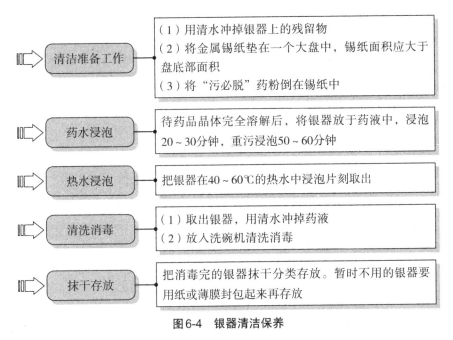

图6-4　银器清洁保养

清洁准备工作
（1）用清水冲掉银器上的残留物
（2）将金属锡纸垫在一个大盘中，锡纸面积应大于盘底部面积
（3）将"污必脱"药粉倒在锡纸中

药水浸泡
待药品晶体完全溶解后，将银器放于药液中，浸泡20～30分钟，重污浸泡50～60分钟

热水浸泡
把银器在40～60℃的热水中浸泡片刻取出

清洗消毒
（1）取出银器，用清水冲掉药液
（2）放入洗碗机清洗消毒

抹干存放
把消毒完的银器抹干分类存放。暂时不用的银器要用纸或薄膜封包起来再存放

第二节　卫生清洁

工作一：清洁玻璃设施

清洁玻璃设施的流程如图6-5所示。

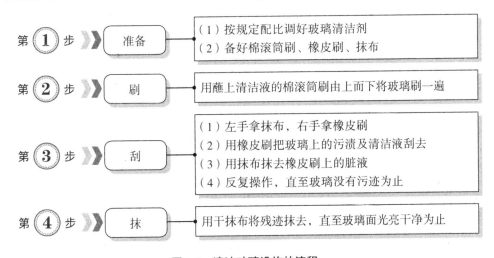

图6-5　清洁玻璃设施的流程

第①步　准备
（1）按规定配比调好玻璃清洁剂
（2）备好棉滚筒刷、橡皮刷、抹布

第②步　刷
用蘸上清洁液的棉滚筒刷由上而下将玻璃刷一遍

第③步　刮
（1）左手拿抹布，右手拿橡皮刷
（2）用橡皮刷把玻璃上的污渍及清洁液刮去
（3）用抹布抹去橡皮刷上的脏液
（4）反复操作，直至玻璃没有污迹为止

第④步　抹
用干抹布将残迹抹去，直至玻璃面光亮干净为止

工作二：烧烤设备及餐具用品的清理

烧烤设备及餐具用品的清理流程如图6-6所示。

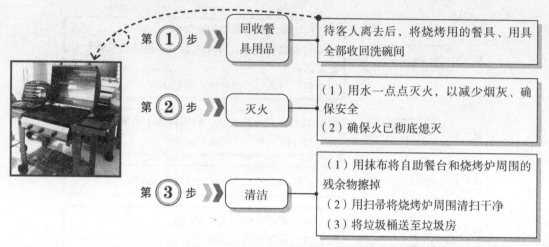

第 ① 步 >> 回收餐具用品 —— 待客人离去后，将烧烤用的餐具、用具全部收回洗碗间

第 ② 步 >> 灭火 —— （1）用水一点点灭火，以减少烟灰、确保安全
（2）确保火已彻底熄灭

第 ③ 步 >> 清洁 —— （1）用抹布将自助餐台和烧烤炉周围的残余物擦掉
（2）用扫帚将烧烤炉周围清扫干净
（3）将垃圾桶送至垃圾房

图6-6　烧烤设备及餐具用品的清理流程

工作三：清洁垃圾桶

清洁垃圾桶的流程如图6-7所示。

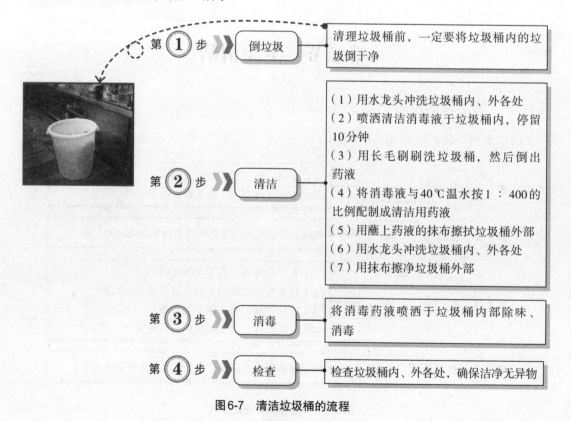

第 ① 步 >> 倒垃圾 —— 清理垃圾桶前，一定要将垃圾桶内的垃圾倒干净

第 ② 步 >> 清洁 —— （1）用水龙头冲洗垃圾桶内、外各处
（2）喷洒清洁消毒液于垃圾桶内，停留10分钟
（3）用长毛刷刷洗垃圾桶，然后倒出药液
（4）将消毒液与40℃温水按1：400的比例配制成清洁用药液
（5）用蘸上药液的抹布擦拭垃圾桶外部
（6）用水龙头冲洗垃圾桶内、外各处
（7）用抹布擦净垃圾桶外部

第 ③ 步 >> 消毒 —— 将消毒药液喷洒于垃圾桶内部除味、消毒

第 ④ 步 >> 检查 —— 检查垃圾桶内、外各处，确保洁净无异物

图6-7　清洁垃圾桶的流程

工作四：清洁炉灶

清洁炉灶的流程如图6-8所示。

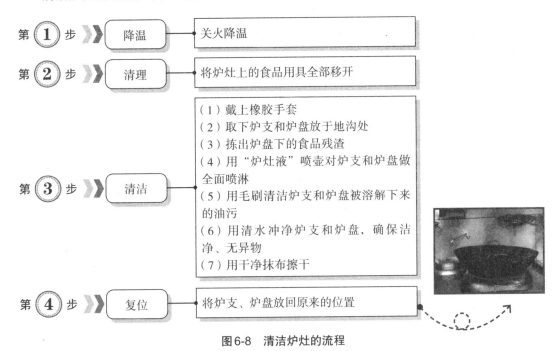

第①步 ➤➤ 降温 ── 关火降温

第②步 ➤➤ 清理 ── 将炉灶上的食品用具全部移开

第③步 ➤➤ 清洁 ──
（1）戴上橡胶手套
（2）取下炉支和炉盘放于地沟处
（3）拣出炉盘下的食品残渣
（4）用"炉灶液"喷壶对炉支和炉盘做全面喷淋
（5）用毛刷清洁炉支和炉盘被溶解下来的油污
（6）用清水冲净炉支和炉盘，确保洁净、无异物
（7）用干净抹布擦干

第④步 ➤➤ 复位 ── 将炉支、炉盘放回原来的位置

图6-8　清洁炉灶的流程

工作五：清洁炉罩

清洁炉罩的流程如图6-9所示。

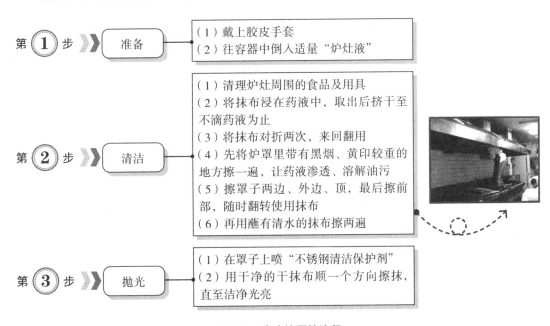

第①步 ➤➤ 准备 ──
（1）戴上胶皮手套
（2）往容器中倒入适量"炉灶液"

第②步 ➤➤ 清洁 ──
（1）清理炉灶周围的食品及用具
（2）将抹布浸在药液中，取出后挤干至不滴药液为止
（3）将抹布对折两次，来回翻用
（4）先将炉罩里带有黑烟、黄印较重的地方擦一遍，让药液渗透、溶解油污
（5）擦罩子两边、外边、顶，最后擦前部，随时翻转使用抹布
（6）再用蘸有清水的抹布擦两遍

第③步 ➤➤ 抛光 ──
（1）在罩子上喷"不锈钢清洁保护剂"
（2）用干净的干抹布顺一个方向擦抹，直至洁净光亮

图6-9　清洁炉罩的流程

工作六：清洗大锅和粥锅

清洗大锅和粥锅的流程如图6-10所示。

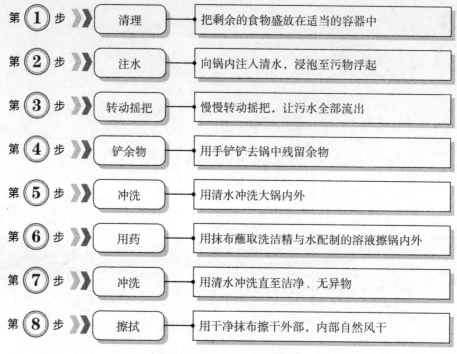

图6-10　清洗大锅和粥锅流程

工作七：处理熏黑的不锈钢用具

处理熏黑的不锈钢用具的流程如图6-11所示。

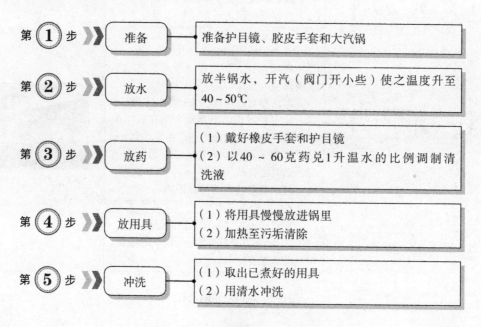

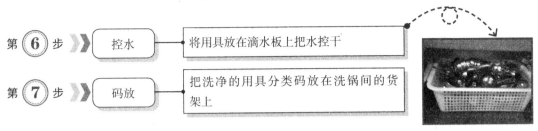

| 第 ⑥ 步 | 控水 | 将用具放在滴水板上把水控干 |
| 第 ⑦ 步 | 码放 | 把洗净的用具分类码放在洗锅间的货架上 |

图6-11　处理熏黑的不锈钢用具流程

工作八：清洁咖啡机

清洁咖啡机的流程如图6-12所示。

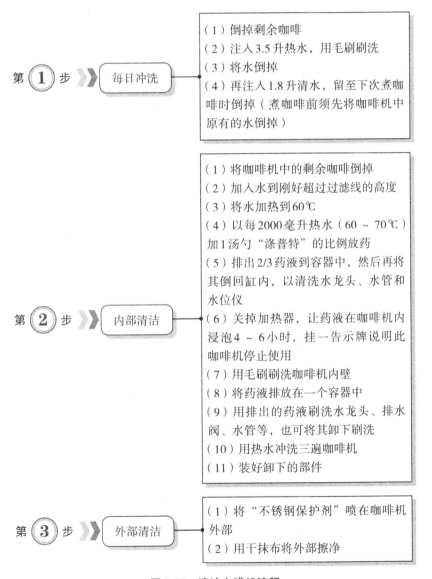

第 ① 步 　 每日冲洗
（1）倒掉剩余咖啡
（2）注入3.5升热水，用毛刷刷洗
（3）将水倒掉
（4）再注入1.8升清水，留至下次煮咖啡时倒掉（煮咖啡前须先将咖啡机中原有的水倒掉）

第 ② 步 　 内部清洁
（1）将咖啡机中的剩余咖啡倒掉
（2）加入水到刚好超过过滤线的高度
（3）将水加热到60℃
（4）以每2000毫升热水（60～70℃）加1汤勺"涤普特"的比例放药
（5）排出2/3药液到容器中，然后再将其倒回缸内，以清洗水龙头、水管和水位仪
（6）关掉加热器，让药液在咖啡机内浸泡4～6小时，挂一告示牌说明此咖啡机停止使用
（7）用毛刷刷洗咖啡机内壁
（8）将药液排放在一个容器中
（9）用排出的药液刷洗水龙头、排水阀、水管等，也可将其卸下刷洗
（10）用热水冲洗三遍咖啡机
（11）装好卸下的部件

第 ③ 步 　 外部清洁
（1）将"不锈钢保护剂"喷在咖啡机外部
（2）用干抹布将外部擦净

图6-12　清洁咖啡机流程

工作九：清洁深煎锅

清洁深煎锅的流程如图6-13所示。

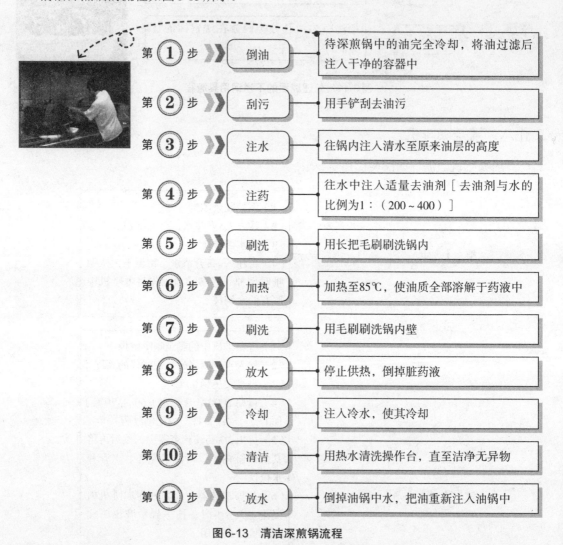

第①步 >> 倒油 — 待深煎锅中的油完全冷却，将油过滤后注入干净的容器中

第②步 >> 刮污 — 用手铲刮去油污

第③步 >> 注水 — 往锅内注入清水至原来油层的高度

第④步 >> 注药 — 往水中注入适量去油剂﹝去油剂与水的比例为1：（200～400）﹞

第⑤步 >> 刷洗 — 用长把毛刷刷洗锅内

第⑥步 >> 加热 — 加热至85℃，使油质全部溶解于药液中

第⑦步 >> 刷洗 — 用毛刷刷洗锅内壁

第⑧步 >> 放水 — 停止供热，倒掉脏药液

第⑨步 >> 冷却 — 注入冷水，使其冷却

第⑩步 >> 清洁 — 用热水清洗操作台，直至洁净无异物

第⑪步 >> 放水 — 倒掉油锅中水，把油重新注入油锅中

图6-13　清洁深煎锅流程

工作十：洗碗机换水

洗碗机换水的流程如图6-14所示。

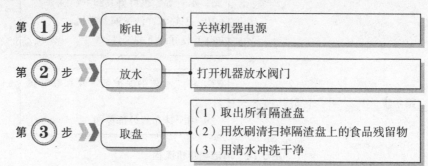

第①步 >> 断电 — 关掉机器电源

第②步 >> 放水 — 打开机器放水阀门

第③步 >> 取盘 — （1）取出所有隔渣盘
（2）用炊刷清扫掉隔渣盘上的食品残留物
（3）用清水冲洗干净

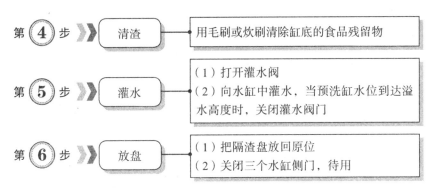

第 ④ 步 → 清渣 → 用毛刷或炊刷清除缸底的食品残留物

第 ⑤ 步 → 灌水 → （1）打开灌水阀
（2）向水缸中灌水，当预洗缸水位到达溢水高度时，关闭灌水阀门

第 ⑥ 步 → 放盘 → （1）把隔渣盘放回原位
（2）关闭三个水缸侧门，待用

图6-14 洗碗机换水流程

工作十一：清洁不锈钢台、案、架

清洁不锈钢台、案、架的流程如图6-15所示。

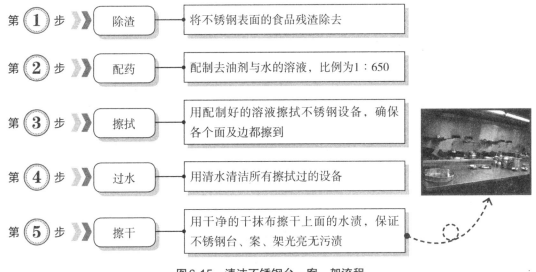

第 ① 步 → 除渣 → 将不锈钢表面的食品残渣除去

第 ② 步 → 配药 → 配制去油剂与水的溶液，比例为1∶650

第 ③ 步 → 擦拭 → 用配制好的溶液擦拭不锈钢设备，确保各个面及边都擦到

第 ④ 步 → 过水 → 用清水清洁所有擦拭过的设备

第 ⑤ 步 → 擦干 → 用干净的干抹布擦干上面的水渍，保证不锈钢台、案、架光亮无污渍

图6-15 清洁不锈钢台、案、架流程

工作十二：清洁烤面包器

清洁烤面包器的流程如图6-16所示。

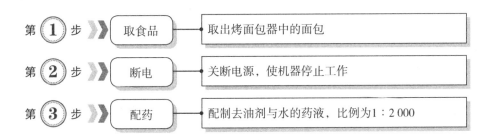

第 ① 步 → 取食品 → 取出烤面包器中的面包

第 ② 步 → 断电 → 关断电源，使机器停止工作

第 ③ 步 → 配药 → 配制去油剂与水的药液，比例为1∶2 000

图6-16

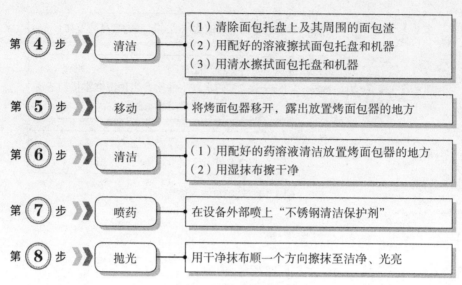

第④步 清洁
（1）清除面包托盘上及其周围的面包渣
（2）用配好的溶液擦拭面包托盘和机器
（3）用清水擦拭面包托盘和机器

第⑤步 移动
将烤面包器移开，露出放置烤面包器的地方

第⑥步 清洁
（1）用配好的药溶液清洁放置烤面包器的地方
（2）用湿抹布擦干净

第⑦步 喷药
在设备外部喷上"不锈钢清洁保护剂"

第⑧步 抛光
用干净抹布顺一个方向擦抹至洁净、光亮

图6-16　清洁烤面包器流程

工作十三：清洁烤箱

清洁烤箱的流程如图6-17所示。

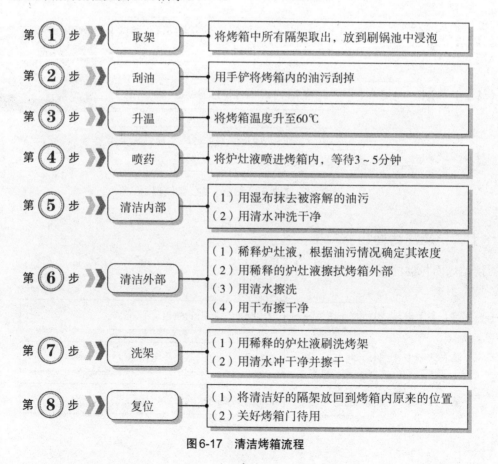

第①步 取架
将烤箱中所有隔架取出，放到刷锅池中浸泡

第②步 刮油
用手铲将烤箱内的油污刮掉

第③步 升温
将烤箱温度升至60℃

第④步 喷药
将炉灶液喷进烤箱内，等待3～5分钟

第⑤步 清洁内部
（1）用湿布抹去被溶解的油污
（2）用清水冲洗干净

第⑥步 清洁外部
（1）稀释炉灶液，根据油污情况确定其浓度
（2）用稀释的炉灶液擦拭烤箱外部
（3）用清水擦洗
（4）用干布擦干净

第⑦步 洗架
（1）用稀释的炉灶液刷洗烤架
（2）用清水冲干净并擦干

第⑧步 复位
（1）将清洁好的隔架放回到烤箱内原来的位置
（2）关好烤箱门待用

图6-17　清洁烤箱流程

工作十四：清洁烤炉

清洁烤炉的流程如图6-18所示。

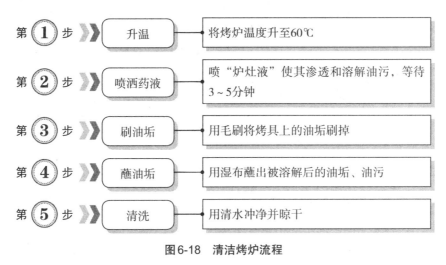

第 ① 步 　升温 —— 将烤炉温度升至60℃

第 ② 步 　喷洒药液 —— 喷"炉灶液"使其渗透和溶解油污，等待3~5分钟

第 ③ 步 　刷油垢 —— 用毛刷将烤具上的油垢刷掉

第 ④ 步 　蘸油垢 —— 用湿布蘸出被溶解后的油垢、油污

第 ⑤ 步 　清洗 —— 用清水冲净并晾干

图6-18　清洁烤炉流程

工作十五：清洁烧烤板及烧烤设备

清洁烧烤板及烧烤设备的流程如图6-19所示。

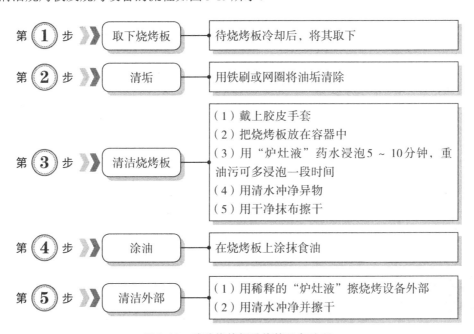

第 ① 步 　取下烧烤板 —— 待烧烤板冷却后，将其取下

第 ② 步 　清垢 —— 用铁刷或网圈将油垢清除

第 ③ 步 　清洁烧烤板 —— （1）戴上胶皮手套
（2）把烧烤板放在容器中
（3）用"炉灶液"药水浸泡5~10分钟，重油污可多浸泡一段时间
（4）用清水冲净异物
（5）用干净抹布擦干

第 ④ 步 　涂油 —— 在烧烤板上涂抹食油

第 ⑤ 步 　清洁外部 —— （1）用稀释的"炉灶液"擦烧烤设备外部
（2）用清水冲净并擦干

图6-19　清洁烧烤板及烧烤设备流程

工作十六：清洁烤焙设备

清洁烤焙设备的流程如图6-20所示。

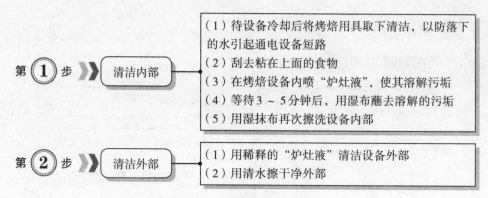

第①步 >> 清洁内部 ——

（1）待设备冷却后将烤焙用具取下清洁，以防落下的水引起通电设备短路
（2）刮去粘在上面的食物
（3）在烤焙设备内喷"炉灶液"，使其溶解污垢
（4）等待3～5分钟后，用湿布蘸去溶解的污垢
（5）用湿抹布再次擦洗设备内部

第②步 >> 清洁外部 ——

（1）用稀释的"炉灶液"清洁设备外部
（2）用清水擦干净外部

图6-20 清洁烤焙设备流程

工作十七：清洁冷库

清洁冷库的流程如图6-21所示。

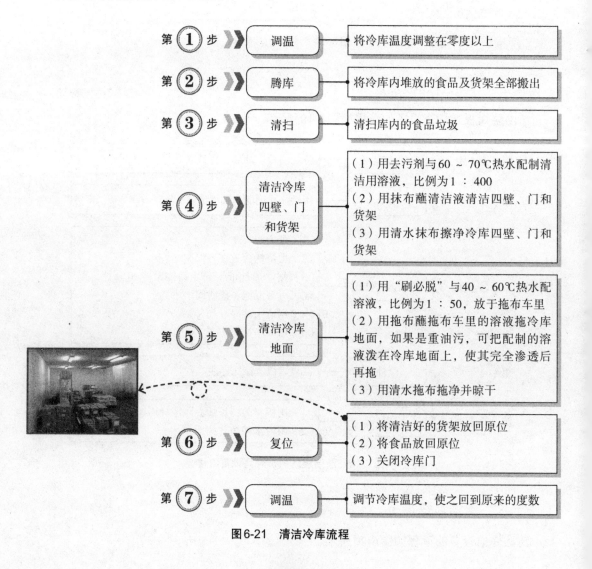

第①步 >> 调温 —— 将冷库温度调整在零度以上

第②步 >> 腾库 —— 将冷库内堆放的食品及货架全部搬出

第③步 >> 清扫 —— 清扫库内的食品垃圾

第④步 >> 清洁冷库四壁、门和货架 ——

（1）用去污剂与60～70℃热水配制清洁用溶液，比例为1：400
（2）用抹布蘸清洁液清洁四壁、门和货架
（3）用清水抹布擦净冷库四壁、门和货架

第⑤步 >> 清洁冷库地面 ——

（1）用"刷必脱"与40～60℃热水配溶液，比例为1：50，放于拖布车里
（2）用拖布蘸拖布车里的溶液拖冷库地面，如果是重油污，可把配制的溶液泼在冷库地面上，使其完全渗透后再拖
（3）用清水拖布拖净并晾干

第⑥步 >> 复位 ——

（1）将清洁好的货架放回原位
（2）将食品放回原位
（3）关闭冷库门

第⑦步 >> 调温 —— 调节冷库温度，使之回到原来的度数

图6-21 清洁冷库流程

工作十八：清洁保温车

清洁保温车的流程如图6-22所示。

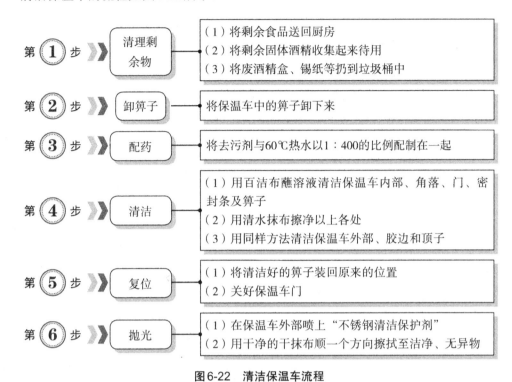

图6-22　清洁保温车流程

工作十九：清洁制冰机

清洁制冰机的流程如图6-23所示。

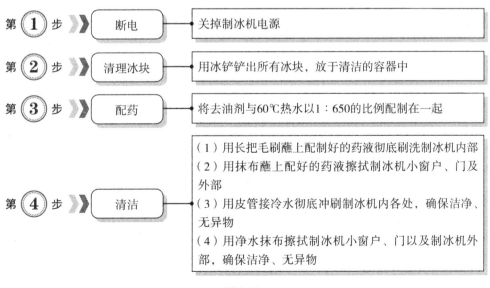

图6-23

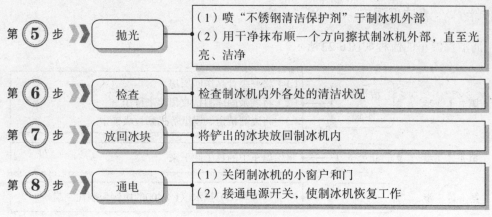

第⑤步 》	抛光	（1）喷"不锈钢清洁保护剂"于制冰机外部 （2）用干净抹布顺一个方向擦拭制冰机外部，直至光亮、洁净
第⑥步 》	检查	检查制冰机内外各处的清洁状况
第⑦步 》	放回冰块	将铲出的冰块放回制冰机内
第⑧步 》	通电	（1）关闭制冰机的小窗户和门 （2）接通电源开关，使制冰机恢复工作

图6-23　清洁制冰机流程

工作二十：清洁立式切片绞肉机

清洁立式切片绞肉机的流程如图6-24所示。

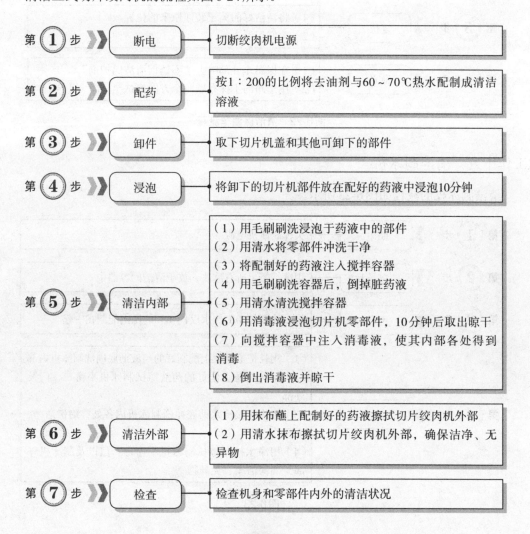

第①步 》	断电	切断绞肉机电源
第②步 》	配药	按1∶200的比例将去油剂与60～70℃热水配制成清洁溶液
第③步 》	卸件	取下切片机盖和其他可卸下的部件
第④步 》	浸泡	将卸下的切片机部件放在配好的药液中浸泡10分钟
第⑤步 》	清洁内部	（1）用毛刷刷洗浸泡于药液中的部件 （2）用清水将零部件冲洗干净 （3）将配制好的药液注入搅拌容器 （4）用毛刷刷洗容器后，倒掉脏药液 （5）用清水清洗搅拌容器 （6）用消毒液浸泡切片机零部件，10分钟后取出晾干 （7）向搅拌容器中注入消毒液，使其内部各处得到消毒 （8）倒出消毒液并晾干
第⑥步 》	清洁外部	（1）用抹布蘸上配制好的药液擦拭切片绞肉机外部 （2）用清水抹布擦拭切片绞肉机外部，确保洁净、无异物
第⑦步 》	检查	检查机身和零部件内外的清洁状况

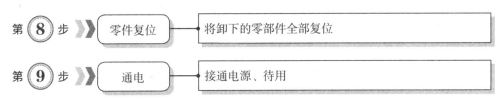

第 ⑧ 步 ➤ 零件复位 ── 将卸下的零部件全部复位

第 ⑨ 步 ➤ 通电 ── 接通电源、待用

图6-24　清洁立式切片绞肉机流程

工作二十一：清洁开罐器

清洁开罐器的流程如表6-25所示。

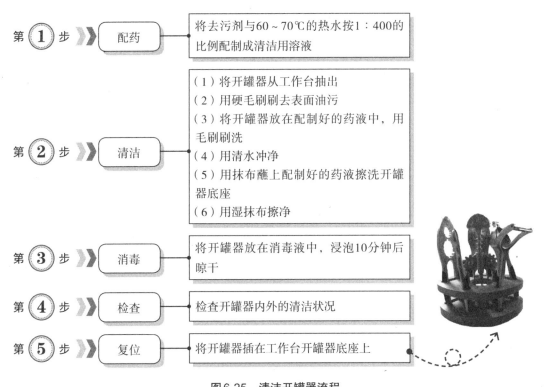

第 ① 步 ➤ 配药 ── 将去污剂与60~70℃的热水按1∶400的比例配制成清洁用溶液

第 ② 步 ➤ 清洁 ──
（1）将开罐器从工作台抽出
（2）用硬毛刷刷去表面油污
（3）将开罐器放在配制好的药液中，用毛刷刷洗
（4）用清水冲净
（5）用抹布蘸上配制好的药液擦洗开罐器底座
（6）用湿抹布擦净

第 ③ 步 ➤ 消毒 ── 将开罐器放在消毒液中，浸泡10分钟后晾干

第 ④ 步 ➤ 检查 ── 检查开罐器内外的清洁状况

第 ⑤ 步 ➤ 复位 ── 将开罐器插在工作台开罐器底座上

图6-25　清洁开罐器流程

工作二十二：清洁电子秤

清洁电子秤的流程如图6-26所示。

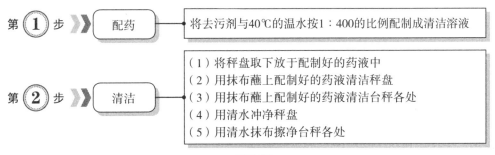

第 ① 步 ➤ 配药 ── 将去污剂与40℃的温水按1∶400的比例配制成清洁溶液

第 ② 步 ➤ 清洁 ──
（1）将秤盘取下放于配制好的药液中
（2）用抹布蘸上配制好的药液清洁秤盘
（3）用抹布蘸上配制好的药液清洁台秤各处
（4）用清水冲净秤盘
（5）用清水抹布擦净台秤各处

图6-26

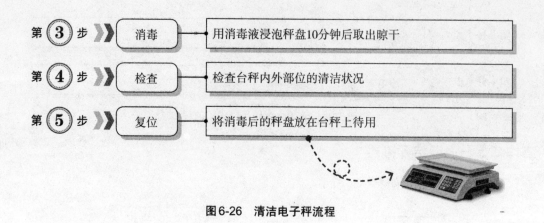

第 ③ 步 》 消毒 —— 用消毒液浸泡秤盘10分钟后取出晾干

第 ④ 步 》 检查 —— 检查台秤内外部位的清洁状况

第 ⑤ 步 》 复位 —— 将消毒后的秤盘放在台秤上待用

图6-26　清洁电子秤流程

第七章
餐饮服务英语

第一节　餐饮服务日常英语

用语一：欢迎问候语

作为餐饮服务员，要对客人经常表示欢迎问候。因此，常见的欢迎问候语，熟练的对话，可以消除客人的陌生感，让客人感到宾至如归。

1. How do you do!
   您好！

2. Good morning/afternoon/evening!
   早上（下午/晚上）好！

3. How are you (doing)?
   您好吗？

4. Welcome，sir (madam).
   欢迎光临，先生（女士）。

5. Please come in. It's so nice of you to make it.
   请进，欢迎光临。

6. We're glad to have you here.
   我们很高兴您来到这儿。

7. Nice to meet you，sir.
   见到您真高兴，先生。

8. Nice to meet/see you!
   很高兴见到您！

9. It's good to see you again，sir (madam).
   再次见到您真高兴，先生（女士）。

10. I hope you'll enjoy yourself here.
    希望您在这里度过美好时光。

用语二：感谢应答语

当然，在为客人服务的过程中，客人会表示感谢，此时，餐饮服务员要及时对客人的感谢表示回答。因此，要会常用的感谢应答语。

1. Thank you very much.
   非常感谢。

2. Not at all. / You are welcome.
   不用谢。

3. That's all right.
   没关系。

4. Oh，you flatter me.
　　哦，您过奖了。

5. I'm glad to serve you.
　　非常高兴为您服务。

6. It's my pleasure.
　　这是我的荣幸。

7. Thanks for the trouble.
　　麻烦您了。

8. It's very kind of you.
　　您真是太好了！

9. No，thanks.
　　不用了，谢谢！

10. Thank you for telling us about it.
　　谢谢您告诉我们此事。

用语三：征询语

　　餐饮服务员主动为客人提供服务，让客人感到餐饮店周到、细致、体贴，对餐饮店有更好的印象，也可以让客人对服务更加满意。

1. Would you like to leave a message?
　　您需要留口信吗？

2. I beg your pardon?
　　您能再说一遍吗？

3. What do you think of our service?
　　您觉得我们的服务怎么样？

4. What can I do for you?
　　有什么可以为您效劳的吗？

5. How many people，please?
　　请问一共几位？

用语四：致歉语

　　餐饮服务员需要经常处理客人投诉，所以致歉语肯定是需要经常说的了。致歉语不是理亏的表现，而是让客人感到是真诚的为其解决问题，从心理上感到被尊重与被重视。

1. Pardon me for interrupting.
　　对不起，打扰您们了。

2. Please excuse me for coming so late.
　　请原谅我来迟了。

3. I'm sorry I was so careless.
　　很抱歉我太粗心了。

4. Will you please speak more slowly?

请您讲得慢一些，行吗？

5. Sorry，I still don't understand what you said.

对不起，我没有听懂您讲的。

6. I'm sorry，sir (madam).

对不起，先生（女士）。

7. Excuse me for interrupting.

不好意思，打扰了。

8. I'm sorry to trouble you.

对不起，打扰您了。

9. I'm very sorry.

非常抱歉。

10. I'm sorry to have kept you waiting.

对不起让您久等了。

11. I'm so sorry，please wait a few more minutes.

真抱歉，请再等几分钟。

12. I hope you'll forgive me.

我希望您能原谅我。

13. I'm awfully sorry.

我感到十分的抱歉。

14. I'm very sorry，There could have been a mistake. I do apologize.

非常抱歉，这儿肯定是出错了。真的对不起。

15. Sorry，I'll let you know when I make sure of it.

对不起，等我弄清楚了马上向您解释。

16. I'm sorry，we have run out of.

很抱歉，我们把……都用完了。

17. I'm sorry to bump into you.

对不起，撞着您了。

18. I'm afraid I've taken up too much of your time.

耽误您那么多时间真不好意思。

19. I'm sorry to have given you so much trouble.

很抱歉给您添了那么多麻烦。

20. Don't worry.

不要担心。

21. I apologize for this.

我为此事道歉。

22. I'm afraid it's against the hotel's regulations.

对不起，这不符合餐饮店的规定。

23. I assure you it won't happen again.

我保证此事决不会再次发生。

24. I'll look into the matter.

我会调查一下。

25. It won't be too long，sir.

时间不会太长的，先生。

用语五：提醒语

轻轻的一声提醒，会让客人感到餐饮店真挚的服务。采用提醒语的方式，也更容易让客人欣然接受，而不是一种强制性的遵守的感觉。

1. Mind your step.

请走好。

2. After you.

您先请。

3. Please don't leave anything behind.

请带好您的随身物品。

4. Please don't smoke here.

这里不允许吸烟。

5. Here you are.

给您。

6. Be aware of the ceiling，sir.

小心头顶，先生。

用语六：祝愿语

每个人都喜欢被别人祝福，当客人离店、节日等，一句祝福，会让客人感到温暖、幸福，当然对餐饮店也会有更好的印象。因此，作为餐饮服务员，每天会接触许许多多的客人，请记住，不要吝啬你的小小的一句祝福语。

1. Welcome to come here again，Goodbye.

欢迎您下次再来，再见。

2. Have a good time!

祝您们玩得愉快！

3. Have a nice (good) day!

祝您今天过得愉快！

4. Happy Birthday!

生日快乐！

5. Merry Christmas!

圣诞快乐！

6. May you succeed!

祝您成功！

7. Good-bye and good luck.

再见，祝您好运。

8. Hope to see you again.

希望再次见到您。

9. We all look forward to serving you again.

我们期待能再次服务您。

10. Mind / (Watch) your step.

请走好。

11. Glad to be of service，please feel free to contact us anytime.

很高兴能为您服务，有需要请随时联系我们。

12. Thank you！ Welcome to come back again.

谢谢！欢迎再来。

用语七：方向表达用语

餐饮服务员有时会遇到问路的客人，或者是为客人领路，因此要会常用的方向表达用语，可以更好地与客人沟通交流。

1. How can I get to the ...?

去×××怎么走？

2. Go upstairs/downstairs.

上/下楼。

3. It's on the second floor.

在二楼。

4. This way，please.

请这边走。

5. Turn left/right.

左/右转。

6. It will be on your right side.

在您的右手边。

第二节　餐饮预订用语

知识一：重点词汇

Word List

reservation 预订	hold 保留	terribly 非常
guarantee 保证	understand 理解，谅解	
appreciate 感激	arrange 安排	

Useful Expressions

how many 有多少
look forward to 期待
try one's best 尽力

知识二：重点句子

1. I'd like to reserve a table for lunch.
   我想今天中午在这订张桌子。

2. What time would you like it?
   请问什么时候光临呢？

3. May I have your name and telephone number?
   能告诉我您的姓名和电话吗？

4. We will hold the table for 20minutes.
   我们为您保留桌子20分钟。

5. Here aren't any table left for 7:00 tonight.
   今晚七点的桌子全部预订完毕。

6. Thank you for calling us.
   感谢您的来电！

7. I'll call you when there is a free table for tomorrow evening at 8:00.
   明晚八点如有位子我们会尽快通知您。

8. How many people in your party，please?
   您一行有多少人呢？

9. For what time?
   您要订几点的位子呢？

10. who is the reservation for?
    请问是为谁预订的？

11. Is there any special requirement?
    请问有什么特殊要求吗？

知识三：情景再现

以下对话中——W：Waiter　　G：Guest

W：Good morning. May I help you?
　　上午好。我能帮到您什么？

G：Yes，I'd like to reserve a table for tonight.
　　我想今晚在这订张桌子。

W：Certainly sir. For how many persons?
　　当然可以了，先生。请问要订多少人的桌子呢？

预订

G：Six.
　　六个人。

W：At what time would you like it?
　　请问什么时候光临呢？

预订

G：6:30 tonight.
今晚6点半。

W：Yes，sir. May I have your name and telephone number?
好的，先生。能告诉我您的姓名和电话吗？

G：It's ××× and my number is ×××××××.
×××，我的电话是×××××××。

W：Thank you very much Mr. ×××. A table for 6 at 6:30 tonight. Is that right?
非常感谢，×××先生。今晚六点半一张六人桌，对吗？

G：Yes，thank you.
是的，谢谢。

W：We will hold the table for 15 minutes. And we look forward to seeing you.
我们为您保留桌子15分钟。非常期盼您的光临！

预订已满

W：Good evening. Italian restaurant. May I help you?
晚上好，意大利餐厅，请问能帮到您什么？

G：Yes，I'd like to reserve 2 tables at 8:00 tonight.
我想订两张桌子，今晚8点。

W：I'm sorry，sir，there aren't any table left for 8:00 tonight. But we can book one for you at 9:00.
不好意思，先生。今晚8点的桌子全部预订完毕，但我们九点会有位子。

G：No，that's too late.
不好，那太晚了。

W：I'm terribly sorry，sir.
实在很抱歉，先生。

G：How about tomorrow evening?
明晚呢？

W：We are fully booked for tomorrow evening，and I can't guarantee anything，but we'll try our best. I hope you'll understand.
明晚的桌子也预订完毕了，我们不能保证，但会尽力而为。希望您能谅解。

G：I do，but I would appreciate it if you could arrange it.
我明白，但如果你们能帮忙安排到位子我会很感激的。

W：May I have your name and telephone number?
请问您的姓名和电话？

G：David Hale…
　　大卫……

W：I'll call you when there is a free table for tomorrow evening at 8:00.
　　明晚8点如有位子我们会尽快通知您。

预订已满

G：Thank you. Bye.
　　谢谢，再见。

W：Bye.
　　再见。

第三节　引客入座用语

知识一：重点词汇

Word List

step 台阶	menu 菜单
lounge 休息室	available 可用
care 介意	full 满座

Useful Expressions

be careful of 小心
be afraid 恐怕
come back 回来

知识二：重点句子

1. How nice to see you again!
   很高兴再次见到您！

2. I'm so glad you could come.
   你能来我真高兴。

3. What a pleasant surprise，I haven't seen you for ages.
   这真是一个惊喜，我好久没看到您了。

4. How about this table?
   坐这里怎么样？

5. Please step this way.
   请往这边走。

6. Please take a seat.
   请坐。

7. Be careful of the steps.
   小心台阶。

知识三：情景再现

以下对话中——W：Waiter　G：Guest

已预订

W：Good evening，sir.
晚上好，先生。

G：My name is ×××. I've booked a table for 4 for 7:00.
我是×××，我订了7点的4人桌。

W：That's right，Mr.×××，a table for 4. Would you come this way，please? Be careful of the steps. would you like to sit here?
是的，×××先生，一张4人桌。这边请，小心台阶。坐这里怎么样？

G：It's fine，thank you.
好的，谢谢。

W：You're welcome.Please take a seat. Here is the menu，sir.
不客气。请坐。这是菜单，先生。

未预订

W：Do you have a reservation，sir?
请问您订位了吗？先生？

G：No，I am afraid we don't.
没有。

W：I'm sorry. The restaurant is full now. You have to wait for about half an hour. Would you care to have a drink at the lounge until a table is available?
很抱歉，餐饮店已经满座了。约要等30分钟才会有空桌。你们介意在休息室喝点东西直至有空桌吗？

G：No，thanks. We'll come back later. May I reserve a table for two?
不用了，谢谢。我们等一会儿再来。请替我们预订一张二人桌，可以吗？

W：Yes，of course. May I have your name，sir?
当然可以。请问先生贵姓？

G：Bruce. By the way. Can we have a table by the window?
布鲁斯。顺便，我们可以要一张靠近窗口的桌子吗？

W：We'll try to arrange it but I can't guarantee，sir.
我们会尽量安排，但不能保证，先生。

G：That's fine.
我们明白了。

（Half an hour later，the couple comes back.）

半小时后，布鲁斯夫妇回来了。

W：Your table is ready，sir. Please step this way.

　　你们的桌子已经准备好了，先生，太太。请往这边走。

未预订

第四节　点菜服务用语

知识一：重点词汇

Word List

starving 挨饿	recommend 推荐	spicy 辣
order 顺序	refreshments 点心	wheat 小麦
bacon 熏猪肉	crisp 脆	fried 煎的

Useful Expressions

Chinese cuisine 中国菜　　for instance 例如

what about 什么　　　　　Beijing roast duck 北京烤鸭

Mixed Fried Rice 铁板烧炒饭　Sweet a seasonal salad 四季沙拉

a glass of 一杯　　　　　a dish of 一盘

that's enough 足够

知识二：重点句子

1. Are you ready to order? / May I take your order?

   可以为您点餐了吗？

2. All right，and you...?（当分开点餐，一人点完，询问另外一人时）

   好的，您要点什么呢？

3. Would you like some dessert?

   请问要不要来点甜点呢？

4. What would you like to drink?

   请问要什么饮料呢？

5. So，you have order ...，Is that right?

   您点了……对吗？

6. I'm afraid it will take some time for this dish，about 25 minutes.Do you mind waiting a

little bit longer？

恐怕这道菜要等25分钟，您介意吗？

7. Your meal will be sent to you in 30 minutes.

您的点菜30分钟后上来。

8. Would you like separate bills?

请问要分单吗？

9. Please enjoy your meal.

请慢用。

10. What would you like to follow?

接下来您要吃什么？

11. How would you like it cooked?

您这道菜要怎么做呢？

12. Would you like the steak rare，medium rare，medium，medium well or well done?

您的牛排要一成熟、三成熟、五成熟、七成熟还是全熟呢？

13. May I take your order now?

我可以为您点菜了吗？

14. Would you like it to come with...?

您想要这道菜配······？

15. May I suggest ...? It is very tasty.

我可以推荐······？它非常好。

16. Would you like to try ...? I'm sure you'll like it.

您想试试······吗？肯定您会喜欢的。

17. What else would you like?

请问还需要什么吗？

18. What are your specialties?

你们有什么特色菜？

知识三：情景再现

以下对话中——W：Waiter   G：Guest

中餐点菜

G：Oh，I'm starving. I'd like to try some real Chinese cuisine. What would you recommend，waiter?

啊，我快饿死啦。我想吃点真正的中国菜。您给我推荐什么呢，服务生？

W：Well，it depends. You see，there are eight famous Chinese cuisines：for instance，the Sichuan cuisine，and the Hunan cuisine.

那要看情况了。您知道，中国主要有八大菜系，比方说，川菜、湘菜。

G：They are both spicy hot，I've heard.

我听说这两种都很辣。

W：That's right. If you like hot dishes，you can try some.

对。您要是爱吃辣的，可以试试。

G：They might be too hot for me.

对我来说可能太辣了点。

W：Then there's the Cantonese cuisine and the Jiangsu cuisine. Most southerners like them.

再有是粤菜和江苏菜。大多南方人都爱吃。

G：What about any special Beijing dishes?

有什么特别的北京风味菜吗？

W：There's the Beijing roast duck.

有北京烤鸭啊。

G：Oh，yes. I've heard a lot about it. I'd like very much to try it.Where can I find it?

啊，对了，听过多次了。我很想试一试。在哪儿能吃到呢？

W：You can find it in most restaurants，but the best place is certainly Quanjude Restaurant.

大多数餐饮店都有烤鸭，可是最好的当然还是全聚德烤鸭店。

中餐点菜

G：Is it near here?

离这儿近吗？

W：Not too near but not too far either. A taxi will take you there in 20 minutes，if the traffic is not too bad，I mean.

不太近也不算远。乘出租车20分钟能到。我是说，要是堵车不厉害的话。

G：Well，thank you for your information. But what is the name of that restaurant again?

好，多谢您的指点。请您再说一下那个餐饮店的名字好吗？

W：Let me write it down on this slip of paper for you. You can show it to the taxi-driver.

我来给您写在这张纸片上。您好拿给出租车司机看。

G：That's very kind of you. Thanks a lot.

您真是太好了！多谢多谢。

W：You're welcome.

不客气。

W： Excuse me，sir，are you ready to order?
打扰了先生，现在能为您点餐了吗？

G： May I have a look at the menu first?
我想先看看菜单。

W： Sure，please take your time. I'll be back to take your order.
好，请慢慢看。我回头为您点餐。

G： Waiter，I'd like The Mixed Fried Rice
服务员，来一份铁板烧炒饭。

W： Ok，would you like anything else?
好的，请问还要点别的吗？

G： And Sweet a seasonal salad
一份四季沙拉。

W： Which dressing would you like to go with your salad? We have Italian dressing，Orange dressing and 1000 Island dressing.
请问您要什么沙拉酱呢？我们有意大利汁、柳橙汁和千岛汁。

W： Would you like some soup?
要来点什么汤吗？

G： Yes，and what kind of soup do you serve?
好的，你们有什么汤？

W： We have oxtail soup，onion soup，corn soup，and seafood soup.
我们有牛尾汤、洋葱汤、玉米汤和海鲜汤。

G： Oxtail Soup sounds good，get me one please.
牛尾汤听起来不错，来一份。

W： Thank you. So you have ordered.... . Would you like some drink?
谢谢。您点了……要不要来点饮料呢？

G： No，thanks.
不用了，谢谢。

W： Thank you very much，your meal will be sent to you in 15 minutes.
非常感谢，您点的菜15分钟内做好。

G： Thank you.
谢谢。

西餐厅点菜

W： Good morning，sir. A table for two?
早上好，先生。两人的一张台吗？

G： That's right.
没错。

W： I'll show you to your table. This way please.

咖啡厅

Please take a seat，sir and madam.

我来给你带位。请这边走。

请坐，先生和夫人。

G：Thank you.

谢谢你。

W：Here is the menu. We have both buffet-style and a la carte dishes. Which would you prefer？

这是菜单。我们有自助和点菜的。您喜欢哪一种？

咖啡厅

G：We'd like to have a buffet breakfast.

我们想要一个自助早餐。

W：The buffet is over there. Please help yourself.

自助餐在那边。请自便。

G：Thank you very much.

非常感谢你。

W：With pleasure.

很荣幸为您服务。

W：Good evening，sir. What can I get you?

晚上好，先生。有什么我可以帮你的吗？

G：A pint of beer，please.

麻烦你给我一品脱的啤酒。

W：We have two kinds of beer. The medium-strength beer and the export beer.

我们有两种啤酒。中度啤酒和出口啤酒。

酒吧

G：Which is better?

哪个更好呢？

W：Well，the export beer is stronger. We have both bottled and draught beer.

嗯，出口啤酒比较烈。我们有瓶装和生啤酒。

G：Ok. I'll have a glass of the stronger one，please.

好的。请给我一杯烈酒。

W：What can I do for you，sir？

先生，您要来点什么？

G：What have you got this morning?

今天早上你们这儿有什么？

早餐点菜

W：Fruit juice，cakes and refreshments，and everything.

水果汁、糕点、各种茶点等，应有尽有。

G：I'd like to have a glass of tomato juice，please.
请给我来一杯番茄汁。

W：Any cereal，sir?
要来点谷类食品吗，先生？

G：Yes，a dish of cream of wheat.
好的，来一份麦片粥。

W：And eggs？
还要来点鸡蛋什么的吗？

咖啡厅

G：Year，bacon and eggs with buttered toast. I like my bacon very crisp.
要，再来一份熏猪肉和鸡蛋，我喜欢熏猪肉松脆一点。

W：How do you want your eggs？
您喜欢鸡蛋怎么做？

G：Fried，please.
煎的。

W：Anything more，sir？
还要什么别的东西吗，先生？

G：No，that's enough. Thank you.
不要了，足够了。谢谢。

第五节　餐厅结账服务用语

知识一：重点词汇

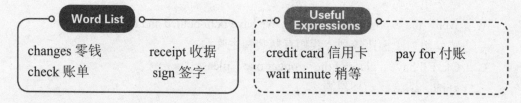

Word List

changes 零钱　　　receipt 收据
check 账单　　　sign 签字

Useful Expressions

credit card 信用卡　　pay for 付账
wait minute 稍等

知识二：重点句子

1. Where can I pay my bill？
哪里可以付账？

2. You may pay at your table，sir. Here is your bill. Would you like to check it？
在这里就可以，先生，这是您的账单。

3. Let me break it down for you. The steak is 38 yuan，the green bean is 10 yuan and the

beer is 20 yuan，which comes to 68 yuan，plus 10% service charge. So the total is 75 yuan.

我来给您算算看，牛排38元，青豆10元，啤酒20元，一共68元，再加上10%的服务费，总共75元。

4. May I use my credit card？

我能用信用卡结账吗？

知识三：情景再现

以下对话中——W：Waiter　　G：Guest

G：Waiter，the bill，please.
　　服务员，结账。

W：Yes，sir.
　　好的，先生。

Here is your check，sir，thank you.
　　这是您的账单，先生。谢谢。

G：Here you are.
　　这里（现金）。

现金付账

W：200 yuan. Please wait minute. I'll be back with your changes and receipt. Here is your changes and receipt，thank you. Good night，hope to see you again.
　　收您两百元。请稍等，一会给您找零和收据。这是您的找零和收据，谢谢您。晚安，希望再次见到您。

G：Check the bill，please.
　　结账。

W：Here is your check，sir.
　　这是您的账单，先生。

G：Well，may I use my credit card？
　　那我能用信用卡结账吗？

W：Sure. What kind of card do you have，sir？
　　当然可以.请问先生是什么卡呢？

刷卡付账

G：Zhaohang credit card. Here you are.
　　招行信用卡。给你。

W：Thank you，I'll return your card and receipt in a few minutes.
　　谢谢，请稍等，我几分钟后将卡还给您。

G：OK.

可以。

刷卡付账

W：Will you please sign on the bill，sir?
　　先生，请在账单上签字。

G：Thank you. Bye-bye. Have a nice day.
　　谢谢。再见，祝您愉快。